12가지 동화로 만나는

창작 유아 음악극

장은희 · 김명정 · 박경숙

창지사

들어가며

유아들을 행복하게 하는 음악극

음악교육자 Gordon에 의하면 영유아들은 선천적으로 음악성을 가지고 태어나며 어떤 음악적 환경을 접하느냐에 따라 음악성이 발현될 수도 있고 잠재된 채 성장할 수도 있다고 하였습니다.

옹알이 시기에 수많은 언어적 리듬을 통한 상호작용의 기회를 가진 유아, 리듬 악기 · 타악기 등을 놀잇감처럼 활발히 탐색하며 자란 유아 그리고 태교부터 다양한 음악을 듣고 성장한 유아들은 자연스럽게 통합적 음악 환경에 노출되어 음악적 의사소통을 어려워하지 않을 뿐 아니라 음악을 즐기는 것을 볼 수 있습니다.

통합적 음악경험이 중요함에도 불구하고 유치원 음악교육은 새노래 배우기나 율동 만들기, 리듬 악기 연주하기 등으로 그 내용이 극히 제한적일 뿐 아니라 각각 분리된 활동으로 제시되고 있습니다.

이에 비해 유치원 음악교육의 대안으로 제시된 음악극 활동은 노래 부르기, 율동, 리듬 악기연주, 신체표현 등의 음악적 단위활동들이 통합되어 제시됨으로써 음악에 대한 유아들의 흥미를 유발하고 창의적인 시각을 열어주는 데 매우 중요한 역할을 할 수 있습니다.

그러나 유아 교사들은 음악극이 유아 음악교육의 통합적 측면에서 효과적인 활동임을 알고 있지만 구체적인 음악극 교수전략 지침을 체계적으로 제공받지 못하여 음악극을 활발하게 적용하지 못하는 경우가 많습니다. 유치원에서의 다른 어떤 음악 환경보다 '교사' 라는 인적환경의 영향이 매우 크다는 것을 고려할 때 교사를 위한 음악극 지도서는 유치원에서의 음악극 활동 전개를 위해 매우 필요합니다.

창작 유아 음악극

이에, 우리는 선뜻 용기를 내어 유아들이 흥미 있어 하는 12가지 동화를 기초로 발달 연령을 고려한 창작 유아 음악극을 만들었습니다.

우리는 순수 유아 교육인입니다. 그러기에 유아들이 어떤 리듬을 좋아하는지, 어떤 노랫말과 음악적 분위기에 동화되는지, 무엇을 할 때 행복감을 맛보는지 잘 알고 있습니다.

바라기는 우리의 땀과 노력 그리고 유아들을 위한 열정과 사랑이 가득 담긴 12곡의 창작 음악극이 현장에 널리 적용되어 교사들을 변화시키고 유아들을 행복하게 하는 데 사용되었으면 합니다.

본 음악극 책이 출판되기까지 많은 곡들을 만들 수 있도록 지혜를 주시고 때마다 함께 하신 하나님께 감사드립니다. 또한 원고를 흔쾌히 받아 잘 다듬어 주시고 구성해 주신 창지사 사장님과 직원 여러분들께 감사드리며 악기 대여 및 녹음작업을 해주신 낙도선교단과 총신대학교 교육 방송국 이지혜 국장님께도 감사드립니다. 끝으로 사랑하는 가족들에게 감사의 마음과 함께 출판의 기쁨을 나누고 싶습니다.

2009년 12월에

유아들의 행복한 보금자리 무지개유치원에서

저자를 대표하여 장은희

차 례

Part 1 이론

Part 2 실제

● 5 세

● 6 세

● 7세

12가지 동화로 만나는 창작 유아 음악극

창작 유아 음악극

Part 1 이론

1. 유아 음악극의 필요성 및 목적

유아는 일상생활 속에서 노래를 부르거나 다양한 음악에 반응하는 등의 음악적 활동을 한다. Greenberg(1979)에 의하면 음악은 유아의 생활요소에서 가장 본질적인 요소로, 태어날 때부터 누구나 갖고 있는 잠재력이며 이러한 잠재력을 바탕으로 음악을 만들고, 노래 부르고, 율동적이고 음악을 듣고 연주함으로써 무한한 기쁨을 얻을 수 있다고 하였다. 실제로 유아는 음악에 민감하게 반응하고 주변 세계에 대한 실험과 탐색을 통해 음악을 경험하고 즐거움을 느낀다. 또한 음악적 훈련을 받아 본 경험이 없어도 유아는 본능적으로 듣고, 노래하고, 춤을 추고, 연주하며, 스스로 음악적으로 표현할 수 있는 능력을 소유하고 있다(민경훈, 2003; Campbell & Scott-Kassner, 1995; Shetler, 1989).

유아기에 다양하고 풍부한 경험을 통해 음악을 느끼고 접하게 하는 것은 성장 후의 음악학습에 있어서 중요한 영향을 미치기 때문에 유아기는 음악적 능력 발달의 중요한 시기라고 할 수 있으며 유아 음악교육은 그들이 타고난 음악적 잠재력과 미적 감수성을 최대한 신장시켜 음악적으로 성장할 수 있도록 도와준다.

Gordon(1990)은 모든 유아들은 선천적으로 어느 정도의 음악적성을 지니고 태어나며, 이러한 타고난 음악적성은 적절한 환경적 조건이나 교육을 통해 발달할 수 있다고 주장하였으며, 동시에 음악적성 발달의 가장 중요한 시기를 '유아기' 라고 강조하였다.

이처럼 유아들은 정도의 차이는 있으나 음악적 잠재능력을 가지고 태어나므로 음악교육의 대상이 선택받은 일부 유아의 몫이라는 견지에서 벗어나 모든 유아를 대상으로 음악교육이 이루어져야 한다(Gardner, 1983).

그렇다면 유아기에 경험되어야 할 음악교육의 내용과 효과적인 접근방법은 무엇인가?

유아 음악교육은 단순히 음악이라는 하나의 과정을 통하여 설명하기보다는 유아의 지적, 사회적, 정서적, 언어적 측면을 포괄하는 전인적 성장 · 발달과 연결하여 설명되어야 한다는 것이 기본 전제이며 음악이 유아 발달에 있어서 통합적 교육의 매개체로써의 기능을 다하는 것이 전인교육을 위한 유아 음악교육의 역할이라고 할 수 있다(문혜옥, 2000).

2007년도 개정 유치원 교육과정에서는 표현생활 영역의 첫 번째, 중점 사항으로 음악, 움직임과 춤, 조형활동, 극 놀이의 통합성을 강조(유치원 교육과정 해설, 2007)하며, 생각과 느낌을 음악, 움직임과 춤, 조형, 극 놀이, 및 통합적 활동으로 표현하는 과정을 즐기는 것을 그 목표로 하고 있다.

그러나 현행 유치원 음악교육의 실태는 노래 부르기, 단순한 악기 연주하기 혹은 율동이 가미된 음악 활동이 대부분이며 이러한 활동 또한 따로 분리된 채 이루어지고 있는 실정이다. 이에 음악 속에서 인간의 살아가는 모습을 발견하고 이야기를 통해서 다양하고 풍부한 경험을 하게 해주는 음악극은 통합적 음악교육의 역할을 충분히 제공하는 영역이 될 수 있다(장은희, 2007).

음악과 이야기를 동시에 가지고 있는 음악극은 여러 사람의 역할분담을 통해 다양한 이야기들이 가지고 있는 현실적인 문제와 인물들의 갈등 상황들을 조명해 보거나 음악이라는 수단을 통해 표현해 내면서 성취감을 느끼고 긍정적인 사고와 창의력을 발휘하는 기회를 갖게 해주는 가치 있는 활동이다.

음악극 속에는 유아들이 좋아하는 많은 요소들, 즉 이야기, 음악, 무용, 시각적 예술, 그리고 상상적 요소들이 포함되어 있으며(Miller, 1984) 이러한 음악극을 통해서 유아들은 자신들의 삶에 대한 이야기를 읽고, 쓰고, 노래하고, 춤추고, 웃으면서 그들의 삶과 결부된 경험을 자연스럽게 체험한다(Freire, 1987).

유아들은 음악극 활동을 통해 노래 부르기, 악기 연주하기, 작곡하기, 악보읽기 등 음악적 능력을 발달시켜 나가며 노래를 통하여 이야기의 줄거리를 이해하고 전달하는 방법을 학습하므로 이야기의 구조를 보다 잘 이해할 수 있게 된다(Lyra, 1993).

유아들은 이야기에 대한 개념이나 구조를 완전히 형성하고 있지 않으며, 교사나 부모가 들려주는 동화나 책 읽기 및 상호작용을 통해 이야기의 구조에 대한 개념을 발달시키는 과정에 있기 때문에 분명한 배경, 잘 묘사된 인물, 주인공이 장애에 직면하거나 에피소드를 통하여 추구하여야 할 목표와 마지막 해결책을 지니고 있는 구조범주가 반영된 이야기를 기초로 한 음악극을 제시할 필요성이 있다.

Rossi(1997)는 음악극의 내용이 유아들의 일상생활과 친숙하고 밀접한 삶의 이야기를 기초로 한 것일 때 유아들이 더욱 잘 이해하고 표현한다고 하였다.

이처럼 유아 음악극은 유아들의 발달적 측면이나 교육적 측면에서 매우 의미 있는 활동이므로 음악, 놀이, 대화, 신체표현, 악기 연주 등이 통합되어 이루어지는 하나의 총체적인 체험이 되어야 한다(이효숙, 2001). 그러나 실제적으로 유아교육 현장에서는 음악극을 적용할 때 동화를 들은 후 느낌을 나누고 동화의 대사와 내용을 중심으로 노래를 배우며 역할을 연기해 보는 방법으로 진행되는 것이 일반적인 형태이다. 이에 본 활동에서는 장은희(2007)의 통합적 음악극 모형 개발 연구를 기초로 음악극의 구성요인을 언어적 요소, 음악적 요소, 신체적 요소, 미술적 요소, 연출적 요소의 다섯 가지 요소로 구성하여 적용하였다. 지금까지의 연구들이 통합적인 음악극 요소에 대한 인식 부족과 음악극에 대한 정확한 이론적 체계 없이 일반적인 극 놀이의 형태로 전개된 것에 비해 본 책에서는 음악극 이론에 대한 정확한 체계를 기초로 활동을 구안했다고 볼 수 있다.

2. 유아 음악극의 교육적 의의

현대 사회는 창의적이며 문제해결력을 갖춘 인간상을 요구하고 있으며, 학습에 있어서도 학습자의 적극적이고 주도적인 활동을 강조하고 있다. 학습자 자신이 주도적으로 참여하기 위해서는 흥미를 유발시키는 동기가 필요한데, Marilee J. Plate(1999)는 흥미를 유발시키는 훌륭한 방법의 하나로써 드라마의 의미를 강조하면서 의상이나 소품까지 포함하는 전체 공연을 위한 연극적인 활동은 유아들로 하여금 무엇인가를 배우도록 하는 높은 동기 유발을 가져다 준다고 주장하였다. Heathcote(1984)는 음악극 활동의 중요한 기능으로 협동성과 개인적 경험에 기초하여 새로운 신체적, 정신적 경험과 의사소통을 꼭 해야 하는 필요성을 느끼게 해주는 상황을 제공해 주며, 유아들로 하여금 새로운 미지의 상태에 처하게 하여 진실과 통찰력을 발견하도록 하는 기능을 가지고 있다고 주장하였다.

음악극은 음악의 여러 요소들을 학습하는 효과적인 놀이과정이라고 볼 수 있다. 음악극 속에 포함되어 있는 연극과 노래, 악기 연주들은 유아들에게 학습이 아니라 놀이에 가깝다. 음악을 완성하고 신체표현을 하며 의상을 입고 무대에 서기까지 유아들은 서로의 의견을 받아들이고 맞지 않는 부분들은 조율해 나간다. 음악극 활동을 통하여 유아들은 상상적 체험을 하게 되고 그 과정에서 상호작용을 거쳐 자기를 발전시킬 수 있는 기회를 가지며 연습하고 발표하면서 협동하는 것이 즐거운 것임을 깨닫게 된다(유덕희, 1997).

음악극에 관한 선행연구를 살펴보면 음악극은 교육적으로 많은 가치가 있음을 알 수 있다(이효숙, 2001; 민경훈, 2004; 장은희, 2007).

첫째, 음악극을 통해 삶과 직결된 음악교육을 실시할 수 있다.

유아들은 무엇이든 경험하고 싶어한다. 유아들은 다양한 방법으로 자신과 주변의 세계를 이해하고 체험해 나가며 그들의 경험은 주변에 존재하는 일상적인 상황이나 활동에서 출발하는 데 이러한 일상의 경험은 유아들의 성장에 중요한 자양분이 된다. 특히 동화라는 매체는 유아들의 상상력을 동원하게 하여 등장인물들의 다양한 상황을 간접적으로나마 체험하게 한다. 이것은 음악극 활동이 특별한 예술경험을 목적으로 하는 것이 아니라 유아의 주변에 존재하는 일상적인 경험이나 활동에서 출발해야 한다는 것을 의미한다.

그러나 많은 교사들이 유아 음악극을 일상적인 생활주제와 관련된 교육활동이라는 인식보다는 유아들의 발달과 성취를 학부모들에게 보여주기 위한 전시적인 용도로 활용하고 있다는 이효숙(2001)의 연구결과를 주목해 본다면 유아 음악극은 또래와의 긍정적인 상호작용을 통한 일상적인 교실에서, 일상생활의 경험을 통한 직접적인 체험활동으로 제시될 때 유아들에게 효과적인 학습에 대한 동기를 부여할 수 있을 것이다. 유아들은 음악극에 참여함으로써 새로운 내용을 발견하는 기쁨을 서로 공유해 나갈 수 있다. 교사는 유아 개개인의 흥미와 능력을 고려하여 음악극 활동을 촉진하는 역할을 수행할 뿐 아니라 유아들이 음악극에 참여하는 동안 간접적인 체험을 직접적인 체험으로 연결할 수 있도록 도와주어야 한다.

둘째, 음악극을 통해 감정이입과 의사소통 능력을 신장시킬 수 있다.

유아가 타인과 원만한 관계를 형성하기 위해서는 자신의 생각이나 느낌을 상황에 맞게 표현할 줄 알아야 하며, 주의 깊은 경청을 통해 타인의 의사 및 이야기의 맥락을 이해하고 수용하며 공감할 줄 알아야 한다. 유아들이 이야기를 이해했다는 것은 자신들의 경험과 상황이 이야기 속에 녹아 들어가 등장인물에 감정이입되었다는 것이며 인물들의 내적 반응과 동일시되었음을 의미한다 (장은희, 2007).

감정이입이란 타인에게 발생된 정서적 갈등이나 문제를 자신의 것으로 받아들여 이해하고 추론하며 긍정적으로 해결하려는 것을 말한다. 감정이입은 인지적 발달을 기초로 한 감정조망 수용능력으로 타인의 정서상태에 대하여 인지적 해석을 하는 것이다. Borke(1971)는 인지적 관점에서의 감정이입에 대해 사회적 통찰과 유사하게 사용되며 어떤 사회적 상황이나 인성검사 등에서 타인의 사고, 반응을 예측하는 피험자의 인지적 능력을 측정하는 것이라고 언급하였다. 민경훈(2004)은 음악극에 참여한 학습자들이 음악극 활동을 통하여 상상적 체험을 하게 되고 그 과정에서 상호작용을 거쳐 자기를 발전시킬 수 있는 기회를 가지게 된다고 하였다.

셋째, 음악극을 통해 교육활동을 통합적으로 운영할 수 있다.

유치원 교육과정에서는 자신의 감정을 조절하고 적절히 표현하기 위한 방법으로 통합적 음악접근과 동작, 극 놀이의 다양한 표상형식의 활동들을 운영할 것을 강조하고 있다. 이러한 활동들은 창의적인 표현능력을 발달시키고 서로 다른 생각과 표현에 흥미와 관심을 가지게 하며, 생각이나 표현의 차이를 인식하고 존중할 수 있게 한다. Speake(1993)는 음악극을 언어, 음악, 동작, 미술과 같은 예술적인 교과뿐만 아니라 사회, 과학과 같은 그 외의 교과와도 통합될 수 있는 교육활동으로 인식하였다.

유아들은 음악극을 통하여 이야기에 대한 느낌과 생각을 표현하고, 음악과 연결하여 율동이나 연기로 표현하고, 소품과 배경을 만들면서 통합적인 활동을 경험하게 된다. 그러므로 음악극은 이야기와 음악 그리고 신체표현을 통해 즐겁고 통합적인 경험을 할 수 있도록 구성되어야 한다. 이러한 경험을 통하여 유아들은 상상력을 기르고 통합적인 삶에 다가가게 되기 때문이다(Mannis, 1994).

이처럼 음악극은 유아들의 일상생활 속에서의 경험과 느낌, 생각들을 다양한 표상으로 표출할 수 있는 교육적인 매개체가 된다는 점에서 교육적 가치를 발견할 수 있다.

3. 통합적 음악극 프로그램 모형

음악극에서 기본적으로 다루어야 할 내용은 크게 다섯 가지 요소로 나누어진다(장은희, 2007). 그 요소는 음악적 요소, 언어적 요소, 신체적 요소, 미술적 요소, 연출적 요소로 이는 다시 여러 가지 형태로 나누어진다. 음악적 요소는 음악적 이해를 바탕으로 배경음악 선정하기, 노래하기, 효과음 만들기, 악기 연주하기 등 음악과 관련된 활동을 하위 요소로 다루며, 언어적 요소는 동화 듣기, 브레인스토밍, 등장인물 분석하기, 대사 연습하기, 저널 쓰기 등을 하위 요소로 다룬다. 신체적 요소는 등장인물의 상황을 동작으로 구상하기, 동작으로 표현하기와 관련된 활동을 하위 요소로 다루며, 미술적 요소는 의상, 소품 만들기, 조명, 무대 디자인, 분장하기 등의 활동을 하위 요소로 다룬다. 연출적 요소는 총연습하고 평가하기, 무대공간 연출하기 등과 관련된 활동을 하위 요소로 다룬다. 통합적 유아 음악극 프로그램 모형과 구성 요소는 [그림 1], [그림 2]와 같다.

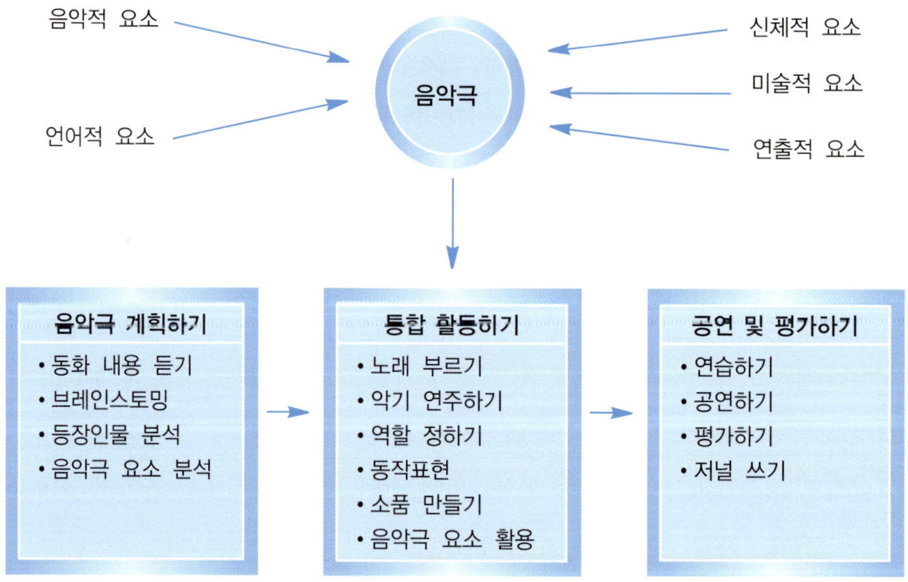

[그림 1] 통합적 유아 음악극 모형

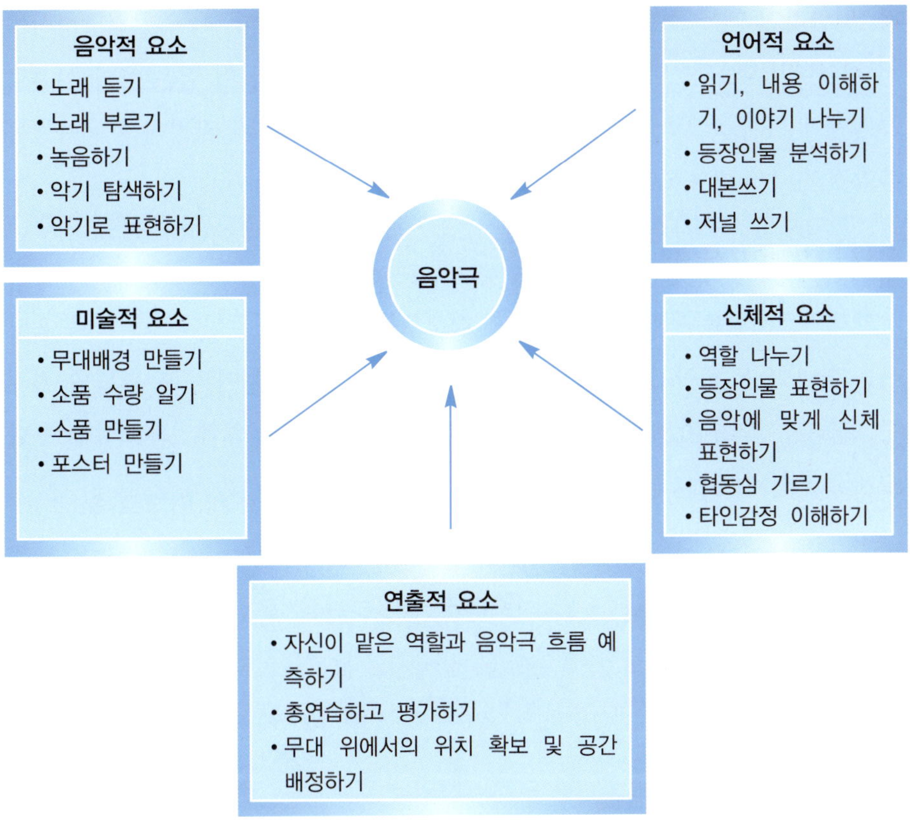

[그림 2] 유아 음악극의 구성 요소

4. 유아 음악극 교수 · 학습 방법

1) 음악극 계획하기

음악극 계획하기는 동화를 듣고 음악극에 대한 브레인스토밍하기, 등장인물 분석하기가 포함되며 대그룹 또는 소그룹 단위의 토의 형태로 이루어진다.

(1) 동화 듣기

동화 듣기 활동은 음악극과 관련된 동화를 듣고 내용을 회상하며 음악극을 준비하는 과정이다. 유아들은 동화를 들으면서 극의 내용과 흐름을 알 수 있게 된다. 일반적인 동화 듣기와 가장 큰 차이점은 동화를 들을 때, 이야기 전달형식에서 벗어나 노래를 통한 상호작용이 이루어진다는 점이다. 이 점은 음악극 프로그램만이 가지고 있는 특색이다. 이러한 형식의 동화 듣기 과정에서 유아들은 음악적 자극에 반응하며 동화 내용에 더욱 집중할 수 있게 된다.

(2) 브레인스토밍

브레인스토밍은 동화를 듣고 난 후 떠오르는 생각들을 글이나 그림으로 표상하는 활동이다. 모아진 생각들을 비슷한 것끼리 융판에 붙여본 후 그룹의 적절한 이름을 붙여주며 이것을 주제망으로 구성할 수 있다. 브레인스토밍을 통한 주제망 구성의 예는 [그림 3]에 제시되어 있다.

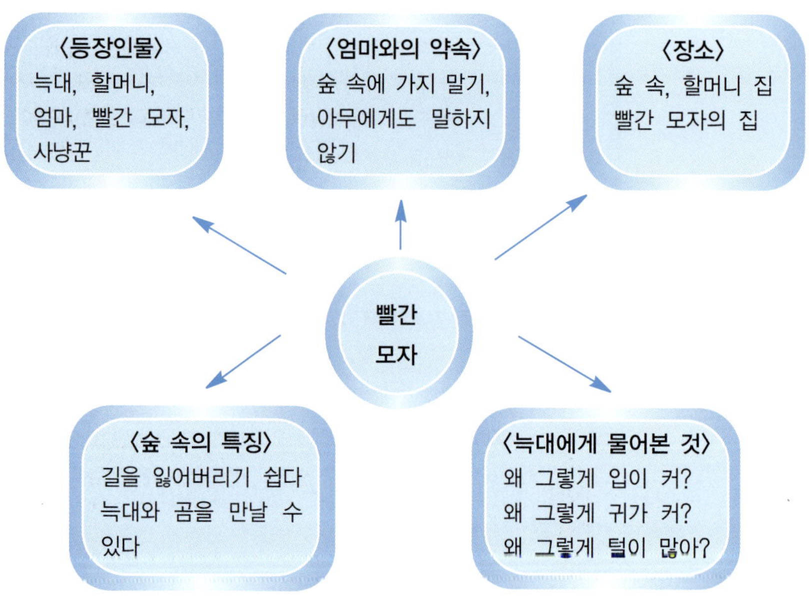

[그림 3] 브레인스토밍을 통한 주제망 구성의 예

(3) 등장인물 분석도

동화에 나오는 인물의 특성을 생각하며 3~4명의 유아들이 공동으로 토의하여 등장인물 분석도를 작성한다. 등장인물 분석도를 통해서 동화 속 인물들의 느낌, 정서, 성격 등을 이해할 수 있으며 이것은 공연하기 단계에서 등장인물에 대한 동작 만들기에도 영향을 준다. [그림 4]는 음악극 『곰 세 마리』에서 유아들이 작성한 「아빠 곰」과 「소녀」의 등장인물 분석도이다.

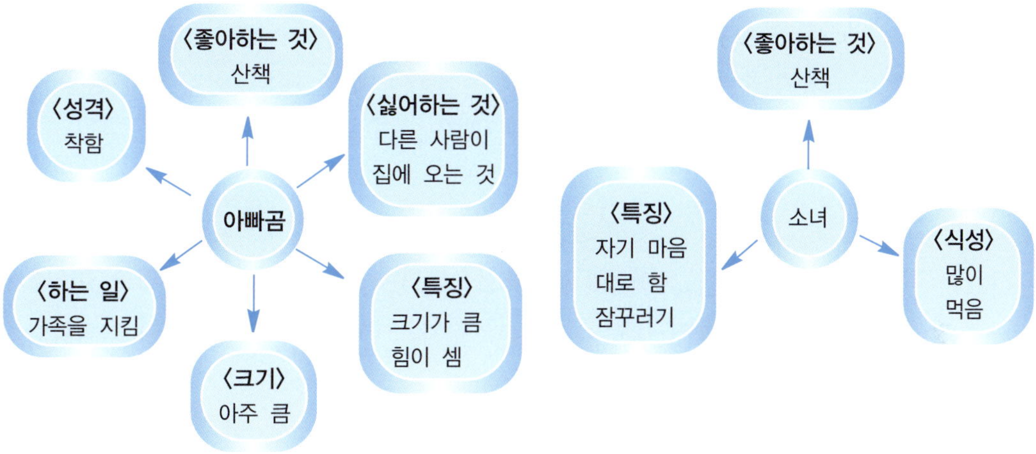

[그림 4] 등장인물 분석도의 예

2) 통합 활동하기

통합 활동하기 단계에서는 노래 부르기, 녹음하기, 역할 나누기, 동작 만들기, 소품, 의상, 무대배경을 디자인하고 만들기 등의 활동이 이루어진다.

(1) 노래 부르기

음악극에서 노래 부르기는 매우 중요한 활동과정이다. 동화의 각 장면마다 설정된 노래를 다양한 방법으로 부르는데, 이때 음악적 요소인 리듬, 박자를 다양하게 탐색하면서 노래를 부르게 하며 특히, 음악극에서 노래를 지도할 때는 각 장면을 설명한 뒤 노래를 들려주는 것이 중요하다. 음악극에서의 노래는 단순한 노래라기보다는 등장인물의 감정이입을 통하여 관객에게 전달하고자 하는 바를 음악적으로 표현해야 하는 특성이 있기 때문에 어떤 배경에서 노래가 만들어졌는지 장면에 대한 충분한 설명을 통해 유아들이 공감대를 형성할 필요가 있다.

또한 노래를 부를 때 가사를 여러 번 읽어보고 강조되어야 할 단어가 무엇이며 어디에서 숨을 쉬어야 감정이나 상황묘사가 잘 될 수 있는지 고려해야 한다는 것과 음악극은 신체를 움직이면서 노래를 불러야 하기 때문에 호흡 조절이 매우 중요하다는 것에 유의해야 한다.

유아들은 노래를 부르면서 각 역할이나 상황에 어울리는 다양한 악기를 활용할 수 있으며 음악극에 사용하기 위해서 노래를 녹음하기도 한다. 녹음된 노래는 등원 시 또는 자유선택 활동시간에 자주 접할 수 있도록 해준다.

(2) 악기 연주하기

음악극에서 악기는 매우 중요한 표현수단이다. 다양한 종류의 악기를 활용하는 것은 음악적 표현을 풍부하게 한다. 악기로 연주할 부분을 탐색하고 적절한 악기를 선택하여 리듬, 박자에 맞춰 악기를 연주한다. 이때 교사는 유아의 성향에 맞추어 발달에 도움이 될만한 악기를 제안하여도 좋다. 악기는 유아의 잠재된 심리적 성향 혹은 갈등을 치료하는 역할을 하기도 한다(Nordoff & Robbins, 1991). 예를 들어 활동적이고 산만한 유아에게 큰북 혹은 작은북과 같은 정확한 부분에 정확한 리듬을 쳐야 하는 악기를 주어 책임감을 주도록 하며 소극적인 유아에게는 심벌즈와 같이 큰소리가 나는 악기를 주어 마음껏 표현하게 할 수 있다.

유아들이 연주할 악기가 정해지면 리듬 악보 읽는 방법을 가르쳐 주어 언제 어떤 악기로 연주해야 하는지 알고 연주해 보도록 한다. 다양한 형태의 리듬 악보가 있지만 음표로 표현되 악보를 제공해 주면 유아들이 노랫말에 맞는 박자를 탐색하여 악기를 정확하게 연주할 수 있다. 또한 음악극을 처음 실시할 때는 악기의 수를 3~4개 정도로 시작하다가 유아들이 리듬 악보에 익숙해지면 다양한 악기를 연주할 수 있도록 한다.

(3) 역할 정하기

역할 정하기는 음악극의 진행과정 중 유아들이 많은 관심을 보이는 단계이다(지종문, 2005). 역할 정하기에 앞서, 음악극에 나오는 노래를 순서대로 불러보며 어떤 인물들이 나왔는지 회상하며 이야기해 본다. 등장인물의 역할을 정할 때는 등장인물의 성격과 상황에 맞게 잘 표현하는 것이 중요하다. 가급적 유아들이 선호하는 역할을 하도록 하며 만일 선호하는 역할이 중복될 때는 유아들이 정한 기준으로 역할을 정하는 것이 좋다. 오디션을 통해 맡고 싶은 역할을 연기해 보는 것도 한 방법(예 역할 정하기)이 될 수 있다.

음악극에는 등장인물의 역할 이외에도 악기 연주, 무대 및 의상 담당, 포스터 및 초대장 담당 등의 다양한 역할이 있다.

악기 연주를 맡을 유아들은 자기가 연주할 악기의 소리를 잘 탐색해야 하며 제시된 리듬 악보를 잘 보고 연주할 수 있도록 한다. 또한 자신의 악기 소리만 크게 연주하는 것이 아니라 조화를 이루기 위해 다른 사람의 연주도 잘 듣는 경험도 중요하다는 것을 인식시킬 필요가 있다.

무대 및 의상 담당을 맡은 유아들이 하는 일은 음악극에 필요한 소품이나 등장인물의 의상, 공연 시 무대나 배경을 만드는 것이다. 음악극에서 필요한 소품이나 배경이 많을 경우 무대 및 의상 만들기 역할을 담당하는 유아들 외에 전체 유아들이 자유선택 활동시간에 소그룹으로 나누어 소품을 만들 수도 있다.

포스터 및 초대장 담당 유아는 음악극 공연을 대내외적으로 홍보해야 하는 역할을 맡는다. 한 개의 음악극에 다섯 장 정도의 포스터를 만들어 유치원 교실이나 현관 앞, 마을 게시판에 부착한다. 이때 포스터에는 음악극의 특징을 잘 살리는 내용이 담겨 있어야 하며 활동시간을 통하여 다양한 포스터를 감상하고 관찰할 수 있는 기회를 주는 것이 좋다. 초대장은 주로 유아들이 개별적으로 만들어 친구들이나 부모님께 드릴 수 있게 한다.

역할을 정할 때는 역할별로 해야 할 일에 대하여 구체적으로 토의하여 결정한다. 또한 인원을 반으로 나누어 반은 공연을 하고 나머지 유아들은 관람을 하며 다시 역할을 바꾸어 해봄으로써 전체 유아들이 골고루 음악극에 참여할 수 있도록 운영할 수도 있다(문삼숙, 2004).

(4) 동작 만들기

음악극 활동에서 동작은 모든 사물과 현상을 모방하고 창조하며 상상하여 표현하는 몸짓으로써 극에서 보여주고자 하는 목적과 메시지를 정확하게 전달하며, 또한 말과 노래로 표현하지 못한 것을 승화시켜 내는 창조적인 작업이다(구수진, 2004). 음악극 속 동작은 예술적인 면을 중심으로 표현하는 것이 아니라 음악극의 전반적인 내용을 이끌어 나가는 이야기를 중심으로 구성되어야 하므로 유아들이 음악극의 내용을 잘 인식하고 음악극에서 표현되는 노래를 익숙하게 부르게 되면 동작 만들기 활동으로 연결하는 것이 좋다.

동작 만들기는 등장인물 분석도를 통하여 분석한 인물들에 대한 특성이나 감정을 신체로 표현해 보는 것이다. 동작을 만들 때 유의할 점은 유아들의 생각을 존중해 주는 것이며 각 역할과 상황에 맞는 동작을 표현하도록 해야 한다. 유아들이 동작으로 표현할 때 몸이 긴장되지 않고 유연한 상태를 유지해야 다이내믹하고 부드러운 몸짓을 무대에서 표현할 수 있다.

동작은 무대에서 연출하는 만큼 최대한 활동적으로 구성하도록 하며 등장할 때의 동작과 역할을 수행할 때의 동작, 퇴장할 때의 동작으로 나누어 만든다. 모든 동작을 만들게 되면 마지막으로 다같이 신체로 표현해 본다. 구성된 동작은 연습 시 연출을 해나가는 과정에서 수정될 수 있다.

(5) 소품 만들기

이야기에 대한 메시지, 그리고 조금 더 이야기 속으로 들어갈 수 있는 의상이나 특정 등장인물을 상징하는 소품은 음악극 전개를 실감나게 해준다(김은애, 2001). 이렇게 평소와는 다른 의상을 입게 되면 실제 공연 자체가 더욱 생동감이 있을 수 있다. 먼저 소품을 담당한 유아들은 음악극에 필요한 소품이 무엇인지 소품목록을 구성하는 것이 중요하다. 소품목록이 결정되면 소품을 무엇으로 만들지, 어떻게 만들지, 유아들과 협의한 후 만들 재료와 작품의 디자인을 결정하여 만든다. 소품 제작 시 유아들이 다소 어려워해도 유아의 아이디어를 바탕으로 제작하도록 한다. 음악극에서는 소품이나 의상, 무대배경 등을 디자인할 때 등장인물의 특징을 알고 인물들에게 어울리는 의상을 정할 수 있도록 하며 특히, 무대배경을 설정할 때 음악적인 요소(강, 약, 크고, 작게 등)를 반영하도록 해야 한다(김은애, 2001).

3) 공연 및 평가하기

공연 및 평가하기에서는 연습, 음악극에 대한 공연 및 평가하기, 저널 쓰기가 이루어진다. 평가는 음악극이 끝난 후에 잘된 점과 개선해야 할 점에 대해서 토의하고, 유아들이 공연한 비디오를 시청하면서 반성적인 평가를 한다.

(1) 연습

음악극을 효과적으로 공연하기 위해서는 각자가 맡은 역할에 대한 충분한 연습이 필요하다. 유아들은 음악극 계획하기 과정에서부터 통합 활동하기의 과정을 통해서 음악극의 내용과 흐름에 어느 정도 익숙한 상태이나 자신감 있는 공연을 위해서는 자기가 맡은 역할이나 순서 등을 잘 알고 있어야 한다. 연습에 들어가서 무엇보다 가장 유의해서 지도해야 할 부분은 음악극 대본에 있는 대사를 그대로 외워서 하기보다는 대본을 바탕으로 유아들이 감정이입하여 즉흥적으로 표현할 수 있도록 이끌어주는 것이다(장은희, 2007).

구수진(2004)은 음악극에서 맡은 역할을 연습할 때 대본에 있는 대사나 노래를 정확하게 외우는 것에 치중하는 학습방법은 학습자로 하여금 부담감과 싫증을 유발하여 학습 효과면에서 효율성을 떨어뜨리게 되므로 강요하지 않도록 해야 한다고 강조하였다. 따라서 음악극 연기 연습은 대본을 바탕으로 유아들의 즉흥적이고 창의적인 면이 표현되도록 지도해야 한다.

또한 연습에서는 유아들의 움직임을 위한 동선 배치와 등장인물의 위치선정이 중요하다. 앞에서부터 한두 장면씩 계속적으로 조금씩 연습하여 극의 흐름을 생각하게 하고 자기의 순서뿐 아니라 다른 사람의 순서를 연계하여 생각할 수 있도록 한다. 동선 구성 시 교사는 유아의 행동특성과 등장인물의 성격을 미리 생각해 두는 것도 좋지만 동선을 연습하면서 유아들의 의견을 수렴하여 적극적으로 수용하는 것이 더욱 좋다. 동선이 어느 정도 정해지면 본격적인 연습이 시작되며 어느 정도 연습이 이루어지면 악기팀이 반주와 합창팀의 노래에 맞추어 연습할 수 있다. 연습 시 등장인물 외의 유아들이 산만해지지 않도록 하는 것도 중요하다.

(2) 공연 및 평가하기

공연 및 평가하기에서는 준비한 음악극을 표현하는 공연과정과 공연을 하고 난 후의 평가과정이 포함된다. 음악극을 공연하기 전에 먼저 음악극에 사용할 소품과 배경을 점검해야 하며 유아들이 진지하게 공연할 수 있도록 지도한다. 공연 시 유아들은 다소 긴장하거나 관람객을 의식해 평소와는 다르게 눈에 띄는 행동을 하기 쉽다. 교사는 이러한 점을 미리 예상하고 음악극을 준비하고 연습하는 모든 과정에서 약속을 미리 해두어야 한다. 연습 시 같은 약속을 그대로 적용하여 연습하면 유아들의 관심을 하나로 모으고 집중시키기에 좋다. 모든 음악극의 공연진행 시 유아들의 시선은 무대 앞 관객들을 향하지만 효과음을 내는 유아들이나 음악극을 전체적으로 진행하고 있는 유아들과의 유기적인 관계를 잘 생각하며 공연하는 것이 중요하다. 음악극 공연은 두 팀으로 나누어 모든 유아들이 음악극의 역할과 스텝의 역할을 경험할 수 있게 구성한다. 평가는 음악극을 마친 후 유아들이 공연한 비디오를 관람하면서 잘된 점과 개선할 점에 대해서 토의하는 등 반성적인 평가를 실시한다.

(3) 저널 쓰기

저널 쓰기는 음악극을 전개하는 과정에서의 생각이나 공연 후의 느낌 등을 그림이나 글로 표상하는 것이다. 유아들은 전시된 저널을 통해 음악극에 대한 다른 유아들의 생각과 느낌을 공유할 수 있다.

5. 교사의 역할

유아 음악극에서는 노래 배우기나 음악 감상, 악기 연주와 같은 단위 활동에서는 경험하기 어려운 다양하고 풍부한 음악적 경험이 가능하며 새로운 경험을 구성해 나가는 의미 있는 학습이 이루어진다. 따라서 교사가 음악극에 대해 어떠한 생각을 가지고 있고 얼마나 적극적으로 임하는가에 따라서 음악극 프로그램의 결과는 달라진다. 교사가 음악극 활동에 필요한 지식과 전략을 자극하고 적극적으로 중재하는 역할을 할 때 학습자들에게 더욱 의미 있는 결과를 가져다 줄 것이며 그런 의미에서 교사가 음악극을 중요한 음악적 활동으로 인식하는 것은 매우 중요하다(이은경, 2003).

음악극 활동을 구성해 나가는 데 있어서 교사의 역할을 살펴보면 다음과 같다.

첫째, 교사가 음악극 활동에 가치를 두고 있음을 보여줌과 동시에 음악극 활동에 적극적으로 참여하며, 유아들의 활동을 충분히 격려하고 모델링을 적절히 제공한다.

둘째, 교사는 음악극 활동에 필요한 기술과 전략을 자극하고 적극적으로 중재하는 역할을 수행한다.

셋째, 유아의 음악극 활동에 대한 동기유발을 위하여 유아의 자존감을 증진시키며, 유아 자신의 재능과 장점을 인식하도록 돕는다.

넷째, 음악극의 전 활동과정에서 유아의 생각을 존중하고 수용한다. 예를 들어, 동작을 만들거나 소품을 만들 때 유아들의 생각을 중심으로 만든다. 이는 유아에게 활동에 대한 흥미를 높여주고, 학습 성향을 지속하는 동기가 되며, 자긍심을 길러줄 수 있다.

다섯째, 교사가 유아의 음악극 활동과정이나 활동결과에 보상을 주는 것도 필요하지만 유아 스스로 자신이 표현한 음악극 활동에 대해 성취감과 자부심을 느끼도록 한다.

이상에서 살펴본 바와 같이, 교사의 역할은 유아들이 풍부한 음악적 환경 속에서 교육적이고 유아의 발달단계에 맞는 다양하고 의미 있는 음악극 활동을 제공하는 것이라 할 수 있다.

6. 평가

유아 음악극 프로그램 평가는 교사 평가와 유아 평가로 구분된다. 교사의 자기 평가는 활동 및 교수 방법에 대한 평가이며 교사의 유아에 대한 평가는 음악극 활동에 대한 유아들의 이해정도, 참여태도, 만족도 등의 평가이다. 교사의 자기 평가는 자신이 음악극을 실시할 때 프로그램의 질을 높이기 위하여 자신이 준비하고 실행한 수업이 유아에게 어떠한 영향을 주었는지를 평가하고자 하는 것이다. 주로 음악극을 전개하는 과정에서의 관찰 및 수업에 대한 반성과 협의, 수업관찰 자료에 대한 분석을 통해 이루어진다.

세부적인 평가항목은 [그림 5]와 같다.

교사의 유아에 대한 평가기준

첫째, 유아 음악극 활동에 관심과 흥미를 갖는가?
둘째, 유아 음악극 활동을 일상생활 속에서 관련짓는가?
셋째, 유아 음악극 활동을 골고루 경험했는가?
넷째, 유아 음악극의 특성을 여러 가지로 표현할 수 있는가?
다섯째, 유아 음악극이 전개되는 절차를 이해하는가?

교육계획 측면에서 교사를 위한 평가기준은 다음과 같다.

첫째, 활동 전에 미리 계획을 하였는가?
둘째, 활동목표에 부합하는 활동을 하였는가?
셋째, 활동목표가 구체적으로 제시되었는가?
넷째, 음악극 활동은 유아들의 발달단계에 적합했는가?
다섯째, 음악극 활동내용은 다양했는가?
여섯째, 음악극 활동내용 간에는 균형을 이루었는가?

교수 · 학습 방법 측면에서 평가기준은 다음과 같다.

첫째, 유아에 대해 교사는 반응적 태도를 보였는가?
둘째, 다양한 탐색 및 선택의 기회를 제공했는가?
셋째, 구체적 자료를 활용했는가?
넷째, 교수 · 학습 방법은 적절했는가?
다섯째, 유아 음악극 활동과정에서 융통성을 보였는가?
여섯째, 유아들의 발달수준에 적절하게 지도하였는가?
일곱째, 교사 대 유아의 비율은 적절했는가?
여덟째, 대 · 소그룹의 활동형태를 적절하게 활용했는가?

[그림 5] 평가기준

7. 이 책의 활용방법

이 책에 수록된 음악극본은 주제망과 등장인물 분석, 무대배치도, 여는 노래와 닫는 노래, 리듬 악보, 자기 소개 노래 등으로 구성되어 있다.

1 주제망과 등장인물 분석

음악극은 동화 듣기 활동으로 시작된다. 동화를 들으며 유아들은 그 동화의 전체 내용에 대한 주제망과 각 등장인물에 대한 분석을 구성하는데, 이 과정은 음악극 전체 흐름의 기초가 되는 부분으로 매우 중요하다. 주제망을 구성하는 과정을 통해 동화의 내용을 잘 인지하고 있을 때 음악극에서 선정된 장면을 이해할 수 있다. 또한, 등장인물 분석과정을 통해 등장인물의 특징을 잘 파악하게 되면 여기에 '극' 적인 요소를 가미하여 구체적으로 표현할 수 있다.

2 무대배치도

모든 공연은 무대라는 '공간' 에서 이루어진다. 음악극 공연 시 무대는 등장인물팀, 악기팀, 합창팀의 인적구성과 무대배경이라는 물리적 구성으로 이루어진다. 이 많은 구성원들이 관객에게 보여지기 위해서는 정리된 자기만의 공간이 필요하다. 음악극은 여러 번의 장면 전환이 이루어지므로 공연에 앞서 위치선정이 선행되어야 한다.

실제편 음악극본 안에 장면별로 무대배치도가 구성되어 있다. 이 책에서 제안하는 무대배치도는 일반적인 유치원 환경을 고려하여 가장 기본적인 형태로 배치하였다. 현장 적용 시 교사는 주어진 환경에 맞추어 수정, 보완할 수 있다.

3 여는 노래와 닫는 노래

일반적인 뮤지컬 공연 시 공연에 앞서 '서곡' 에 해당되는 'openning song' 과 등장인물들의 무대인사와 어우러진 'ending song' 을 유아 음악극 공연 안에 도입한 예이다. 이 책에서는 '여는 노래' 와 '닫는 노래' 라는 우리말로 표현하였다. 유아들의 수준에 맞게 구성하였다. 여는 노래와 닫는 노래는 음악극의 전반적인 내용을 설명하게 되는데, 이것은 공연에 앞서 관객들의 이해를 돕고 음악극으로

의 여행을 하기 전 관객들의 주의를 집중시키는 효과가 있다. 더불어 음악극을 공연하는 모든 유아들의 참여를 유도하는 효과가 있는 데 특정 유아만을 무대 전반에 내세우는 대개의 공연형식에 반하여 인적구성원들이 모두 참여하여 앞으로 공연될 음악극을 소개하는 시간을 갖는 것이다. 이상의 특징들을 음악극 노래 배우기 순서에 앞서 교사가 설명해 주는 것이 필요하다.

④ 리듬 악보

음악극에서 리듬합주는 중요한 역할을 한다. 각자의 리듬 악기가 어우러져 아름다운 반주효과를 연출해 내는 과정에서 유아들은 일종의 '음악적 충격'을 경험하기 때문이다. 놀이시간에 유아들이 각자 소리 내던 단음들을 박자에 맞게, 노래의 분위기에 맞게, 등장인물에 어울리는 효과에 맞게 화음으로 구성해 내는 것은 매우 중요하다. 음악극의 악기팀은 교사와 그 반 유아들의 협의에 의해 그 수준과 악기 내용을 구성하는데, 이 책에서는 가장 기본적 리듬 악기인 탬버린, 트라이앵글, 우드블록 등으로 제안하였다. 각 곡에 사용되는 악기의 종류와 연주수준은 현장의 수준과 여건에 맞게 수정, 보완할 수 있다. 더 자세한 내용은 책의 마지막 부분인 『빨간 모자 만들기』 과정에 설명되었다.

⑤ 자기 소개 노래

일반적으로 동극 공연을 마친 후 "저는 ○○○을 맡은 ○○○입니다."라고 소개하는 것과 같이 음악극 공연 후 자기 소개하는 시간을 갖는다. 음악극의 특성을 살려 소개말 역시 노래로 하게 된다. 실제 음악극 공연 후 유아들에 의해 불린 노래를 몇 가지 소개하고자 한다.

▶자기 소개 예시 1

▶자기 소개 예시 2

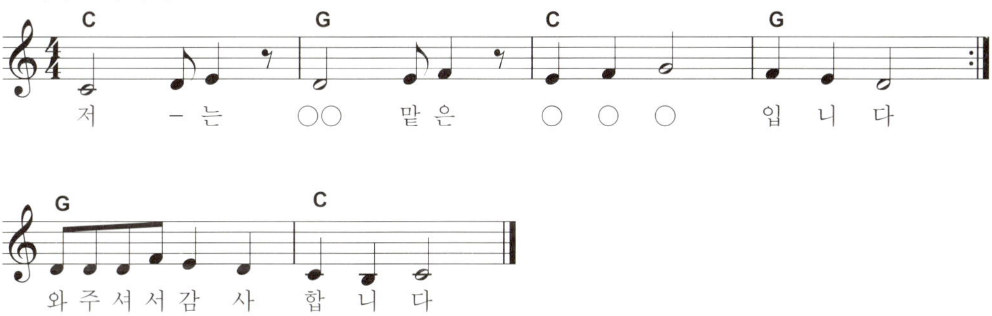

▶자기 소개 예시 3

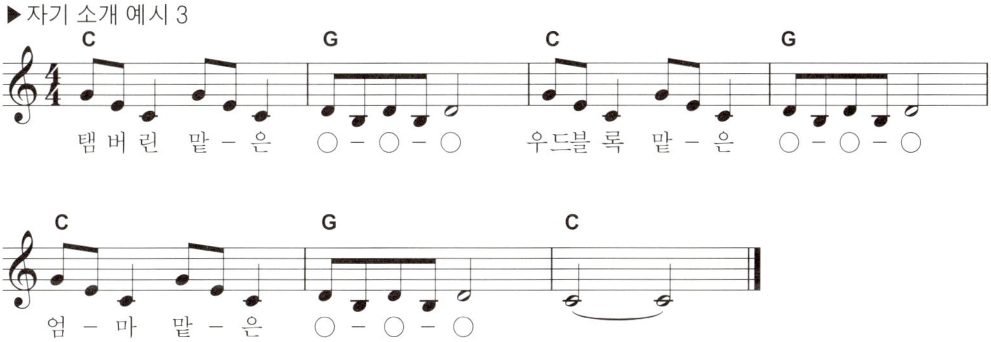

이럴 땐 이렇게 하세요!

음악극을 처음으로 적용한 교사 혹은 예비교사들의 질문과 그에 대한 답변입니다.

Q 음악극에 사용되는 소품이 너무 많은데... 유아들이 만든다고 해도 교사가 할 일이 너무 많은 것 아닌가요?

A 음악극에 사용되는 소품은 오디션 시 정해진 소품담당 유아들이 만드는 것을 원칙으로 합니다. 자유선택 활동시간을 활용하여 최대한 만들도록 하세요. 이 책에 수록된 음악극을 적용할 당시 실제로 음악극 속에 사용된 소품들은 유아들이 직접 만들었습니다. 교사가 소품을 만들어야 한다는 생각을 가지는 순간... 음악극은 어렵게만 생각되는 영역이 될 것입니다.

Tip 1 평가시간을 활용하여 유아들의 참여를 이끈다.

음악극 자체가 프로젝트 형식으로 진행되므로 전날 평가시간에 음악극 진행상황 확인과 더불어 다음날에 대한 계획하는 시간을 가집니다. 만일 내일 침대를 만들어야 한다면 무엇으로 만들면 좋을지 결정합니다. 상자가 필요하다면 다음날 유치원에 오면서 상자를 가지고 오도록 합니다.

Tip 2 유아들의 아이디어를 활용한나.

유아들의 아이디어는 교사의 생각을 초월할 때가 있습니다. 만일 우물을 만들어야 한다면 여러분은 무엇으로 만드실까요? 실제 우물 만들기 시 유아들은 신문지를 한 장 한 장 구긴 뒤 둥글게 부풀려 의자에 붙였답니다. 이렇게 입체감을 주니 진짜 우물 같았습니다. 교사가 한 일은 방과 후에 유아들이 붙인 신문지 위에 은색 래커를 뿌린 것뿐이었답니다.

Q 음악극에는 악기 팀이 있는데...악기 팀 연습은 어떤 식으로 진행하나요?

A 악기에 관한 천부적인 재능이 있다면 가장 좋겠지만... 지극히 평범한 교사인 우리들에게 악기 팀 연습은 만만한 작업이 아닙니다. 음악극을 처음으로 접하는 교사들을 위해 이 책에서는 리듬 악보를 제시하였습니다.

Tip 1 **유아의 성향을 고려하여 악기를 분배한다.**

악기 팀 연습이 있는 첫 날, 교사는 유아의 성향을 고려하여 악기를 분배합니다. 비록 오디션을 통해 악기 팀으로 선발되기는 하였지만 연습하는 과정에서 바뀔 수 있다는 점을 유아들에게 알려주는 것이 중요합니다.

내성적인 유아-작은 소리 악기
외향적적 유아-큰소리 악기

내성적인 유아에게 큰소리 악기를 주면 주목받는 느낌이 싫어 악기연습을 힘들어 할 수 있습니다. 작은 소리 악기들은 주로 조용한 노래에서 반주로 연주되므로 내성적인 유아의 부담을 덜어주면서도 돋보이는 연주가 가능합니다. 특히 작은 소리 악기는 정확한 박자감이 필요한 경우가 많으므로 집중력이 요구됩니다.
활발한 유아에게 큰소리 악기연주를 시킬 경우 유아가 가진 에너지를 큰소리 악기연주를 통해 발산함으로써 차분함을 유지하게 할 수 있습니다. 큰소리 악기는 한번 연주되어도 주목을 받게 되므로 유아가 박자에 집중하도록 도와주는 것도 좋습니다.

Tip 2 **악기를 하나하나 소개한 뒤 정확한 악기연주법을 알려준다.**

오케스트라 연주자처럼 악기를 맡은 유아가 그 악기 소리에 책임을 지고 정성을 다해 연주하게 하는 태도를 길러주는 것은 중요합니다. 악기 소리를 정확히 내기 위해서는 바른 연주법을 알려주는 것이 중요합니다. 리듬 악기는 아무렇게나 두드리면 소리가 나는 것이 아니라 각각 정확한 연주법이 있습니다. 정확한 연주법에 따라 연주하려면 악기연주 시 집중해야 합니다. 리듬 악기연주에 대한 이러한 접근은 유아들에게 집중력뿐 아니라 악기연주에 대한 자부심을 길러주어 매우 유용합니다.

Q 오디션 시 어떻게 역할을 나누나요? 교사가 봐서 어울리는 역할을 정하나요?

A 오디션은 말 그대로 오디션이 되어야 합니다. 각자 원하는 역할에 도전한 뒤 관객이 된 유아들이 그 역할에 가장 잘 어울리는 유아를 뽑아주는 방법을 사용합니다. 물론 역할에 도전한 유아들은 뒤를 돌아서서 누가 손을 들었는지 보지 않도록 합니다. 좋아하는 유아를 뽑는 활동이 되지 않도록 교사는 미리 유아들에게 설명하는 시간을 갖습니다.

Tip 1 가정통신문을 통해 가정에 알리고 유아 스스로 열의를 가지고 연습하도록 합니다.

오디션 하기 전 주 가정통신문을 통해 가정에 오디션 일정을 안내합니다. 유아들에게 미리 오디션이 있을 것을 알린 뒤 다음과 같이 이야기합니다.

교사: 음악극에서 콩쥐 역할을 맡고 싶다면 어떤 것을 잘하면 좋을까?

유아: 음악극이니까 콩쥐가 하는 노래를 잘 부르면 될 것 같아요.

교사: 그러면 이번 주에 가정통신문에 오디션 안내가 있을텐데 집에서 자기가 맡고 싶은 등장인물의 노래를 연습해 보도록 하자.

Tip 2 충분한 설명과 안내로 과열경쟁을 막습니다.

오디션이라고 하는 단어자체에서 오는 오해가 있을 수 있습니다. 가정통신문 안내 시 앞으로 음악극은 계속될 것이며 모든 유아가 동등하게 등장인물, 악기 팀, 합창단에 참여할 수 있도록 안내합니다. 충분한 안내를 통해 부모님들께 원하는 역할과 다른 역할을 맞게 되더라도 맡은 역할에 책임을 지고 열심히 참여할 수 있도록 이야기해 달라는 협조를 요청합니다.

Tip 3 공정한 오디션 과정이 되도록 합니다.

오디션 과정에서 좋아하는 유아를 선정하지 않도록 미리 설명합니다. 역할에 맞는 노래를 잘 연습해 와서 그 역할과 가장 잘 어울리는 유아에게 한 표를 주도록 합니다. 오디션에 도전한 유아들이 보지 않도록 하고 나머지 관객 유아들이 모두 한 표씩만 주도록 합니다. 더불어, 누가 몇 표를 받았는지는 이야기하지 않도록 합니다. 비록 오디션에 실패한 유아라도 다음 역할에 도전할 수 있으며 도전 자체를 격려하도록 합니다.

8. 연령별 음악극 목록

본 책에 구성된 연령별 음악극 주제 및 내용은 다음과 같다.

연 령	음악극 제목	동화 형태
5세	커다란 순무	전래동화
	누가 내 머리에 똥 쌌어?	창작동화
	브레멘 음악대	명작동화
	거울을 처음 본 사람들	전래동화
6세	나무늘보야 헤엄쳐	창작동화
	집을 팝니다	창작동화
	내 귀는 짝짝이	창작동화
7세	잭과 콩나무	명작동화
	빨간 모자 1	명작동화
	팥죽 할머니와 호랑이	전래동화
	바닷물고기 덩치	창작동화
	빨간 모자 2	유아들과 함께 만든 창작 음악극

12가지 동화로 만나는 창작 유아 음악극

창작 유아 음악극

Part 2 실제

Part 2 실제 : 5세

1. 커다란 순무(전래동화)
2. 누가 내 머리에 똥 쌌어?(창작동화)
3. 브레멘 음악대(명작동화)
4. 거울을 처음 본 사람들(전래동화)

1. 커다란 순무(전래동화)

동화 줄거리

출처 : 커다란 순무
신정민 글 /
송효정 그림 |
대교출판

어느 작은 마을에 한 가족이 살고 있었어요.

어느 날 할아버지는 밭에 순무씨를 뿌렸어요. 며칠이 지나자 순무는 아주 커다랗게 자랐어요. 할아버지는 순무를 뽑기 시작했어요. "영차, 영차." 하지만 순무는 뽑히지 않았어요. 그래서 할아버지는 할머니를 불러 함께 순무를 뽑으려 했지만, 뽑히지 않았어요. 할머니는 손녀를 불러 함께 순무를 뽑으려 했어요. 하지만 뽑히지 않았어요. 손녀는 강아지를 불러서 함께 순무를 뽑았지만, 순무는 뽑히지 않았어요.

그래서 강아지는 고양이를 불렀어요. 고양이도 순무를 뽑기 위해 힘을 썼지만, 순무는 뽑히지 않았어요. 고양이는 쥐를 불렀어요.

할아버지, 할머니, 손녀, 강아지, 고양이, 쥐는 힘을 합쳐 순무를 잡아당겼지요. 그때 순무가 뽑혔답니다.

주제망

동화 『커다란 순무』를 듣고 동화책의 내용을 주제망으로 구성해 본다.

T : 『커다란 순무』 동화를 잘 들어보았니? 동화를 듣고 어떤 생각이 드니?

C : 할아버지 혼자 순무를 뽑기 힘들었지만, 힘을 합쳤더니, 무가 뽑혔어요.

T : 그랬구나. 이 동화 속에는 누가 나왔니?

C : 할아버지요, 할머니도 나왔어요. 손녀, 강아지, 고양이, 쥐도 나왔어요.

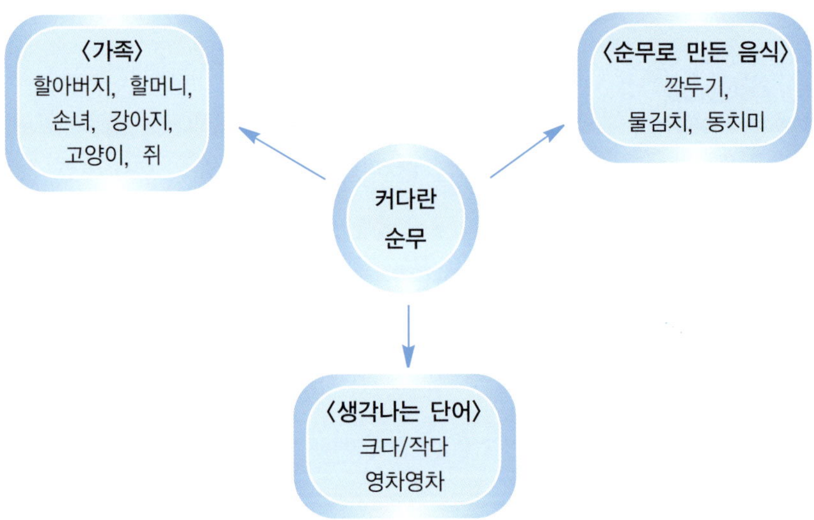

등장인물 분석

대그룹 혹은 소그룹 이야기 나누기를 통해 『커다란 순무』 동화에 등장하는 등장인물에 대한 분석을 한다.

T : 커다란 순무에는 누가 나왔니?

C : 할아버지요.

T : 할아버지는 어떤 분인 것 같니?

C : 순무밭에 씨를 뿌렸어요. 가족 모두 함께 행복하게 살고 있는 것 같아요.

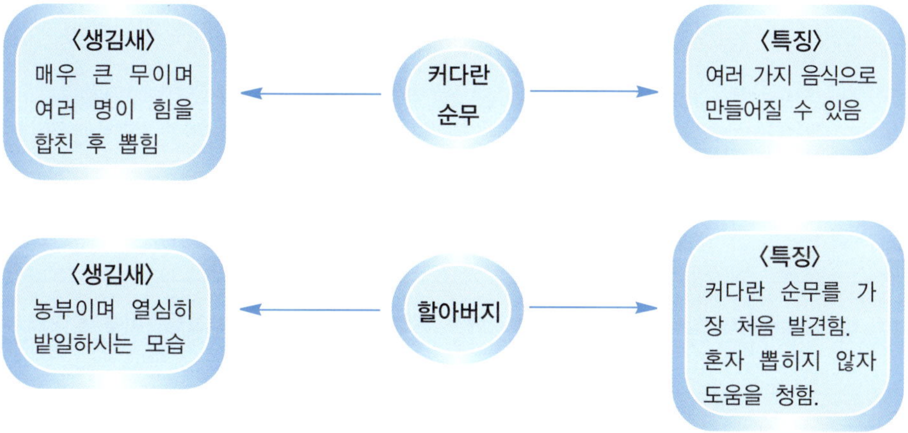

음악극본 커다란 순무

▶ 박경숙 요 · 곡

등장인물 : 할아버지, 할머니, 손녀, 강아지, 고양이, 생쥐

#1 여는 노래

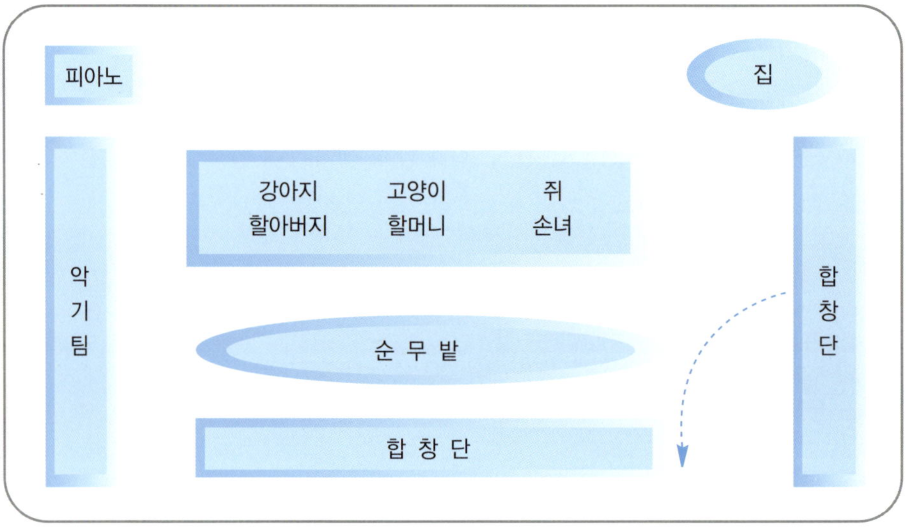

(반주가 시작되면 등장인물들은 제자리에서 뛰면서 한 바퀴 돈 뒤 율동준비를 한다)

(여는 노래가 끝나면 할아버지는 순무밭으로 이동하고, 나머지 할머니, 손녀, 강아지, 고양이, 쥐는 집 뒤로 이동하여 숨는다.)

#2 커다란 순무를 뽑으려는 할아버지

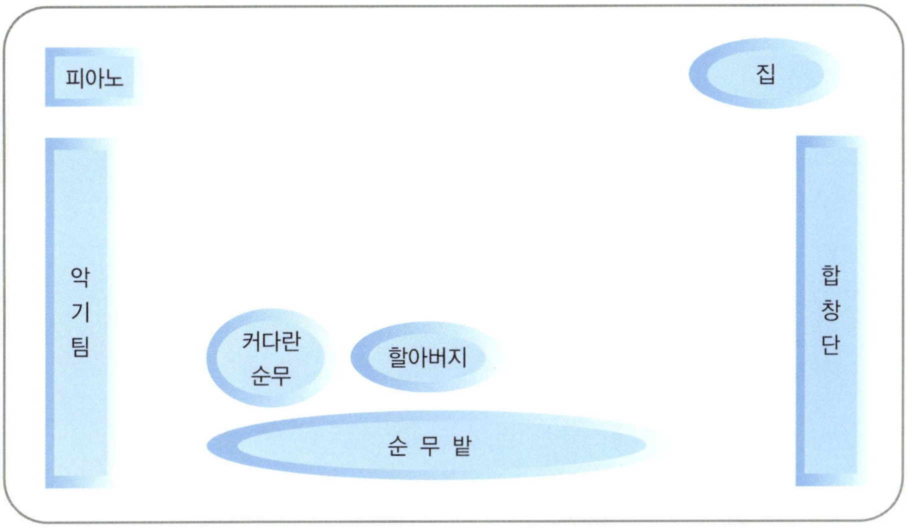

(할아버지는 밭에 순무씨를 심는다. 순무밭 주위를 한바퀴 돌고나면 커다란 순무가 등장한다. 이때 여는 노래를 한 옥타브 위에서 연주한다.)

#3 순무 뽑는 것을 돕는 할머니

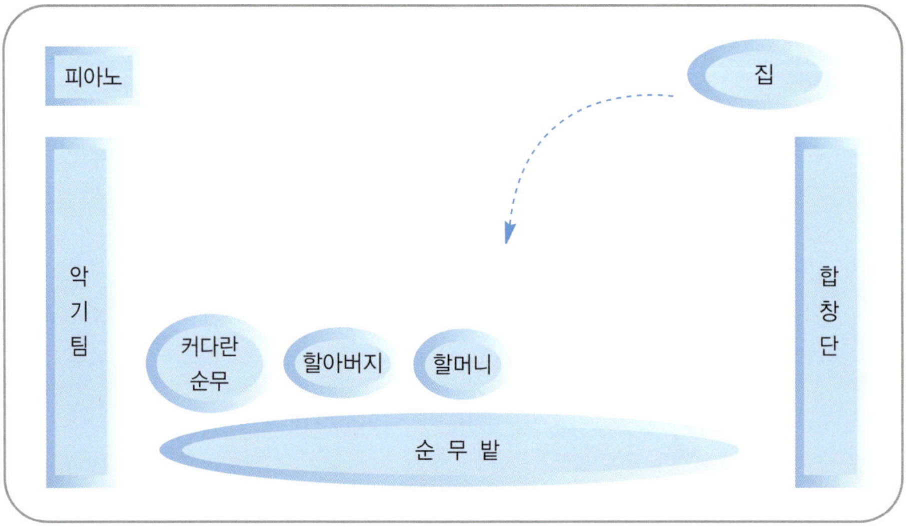

(반주가 시작되면 할머니는 집에서 나와 할아버지의 허리를 잡으며, 노래를 준비한다.)

#4 순무 뽑는 것을 돕는 손녀

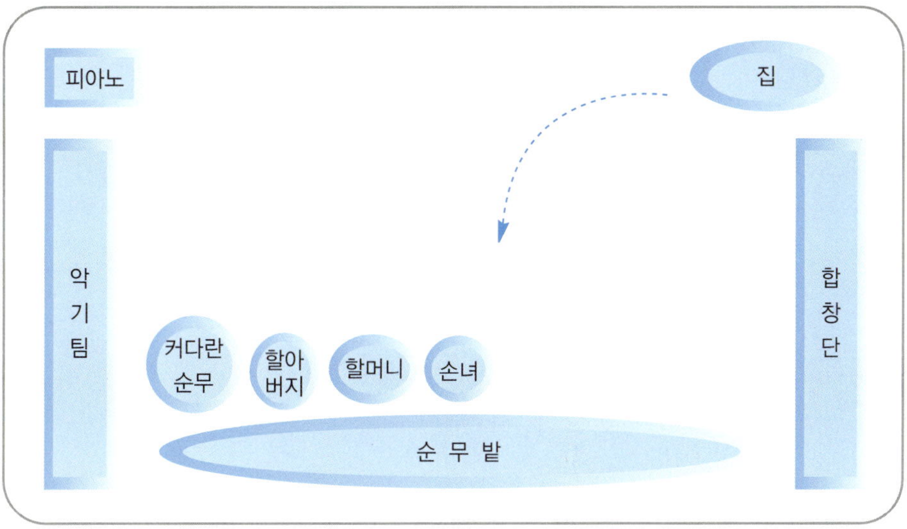

(반주가 시작되면 손녀는 집에서 나와 할머니의 허리를 잡으며, 노래를 준비한다.)

#5 순무 뽑는 것을 돕는 강아지

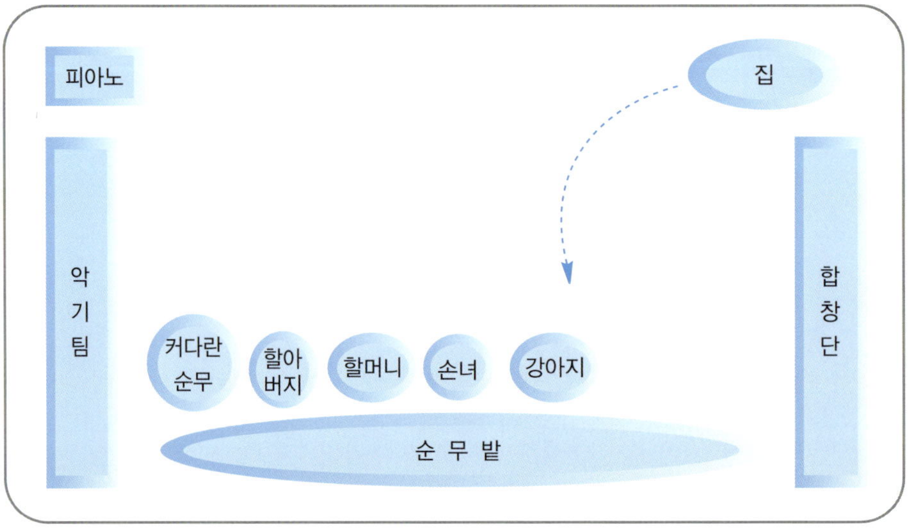

(반주가 시작되면 강아지는 집에서 나와 손녀의 허리를 잡으며, 노래를 준비한다.)

#6 순무 뽑는 것을 돕는 고양이

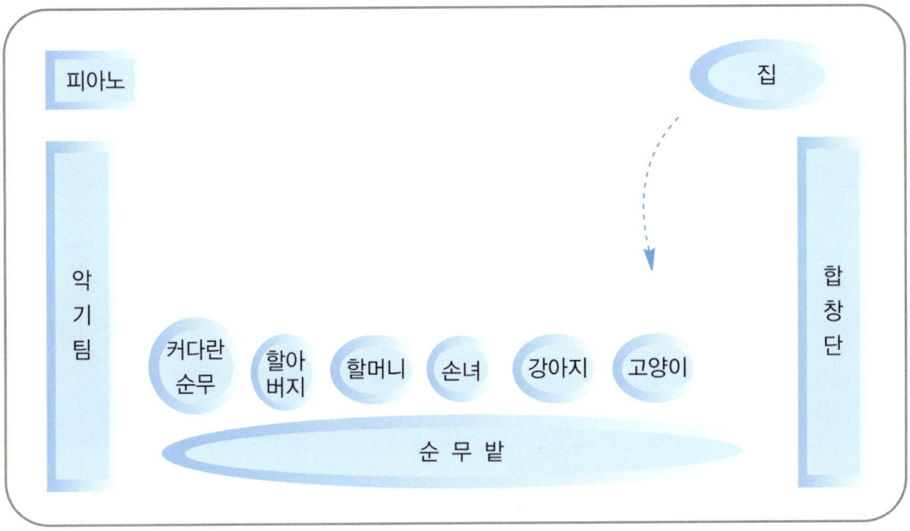

(반주가 시작되면 고양이는 집에서 나와 강아지의 허리를 잡으며, 노래를 준비한다.)

#7 순무 뽑는 것을 돕는 쥐

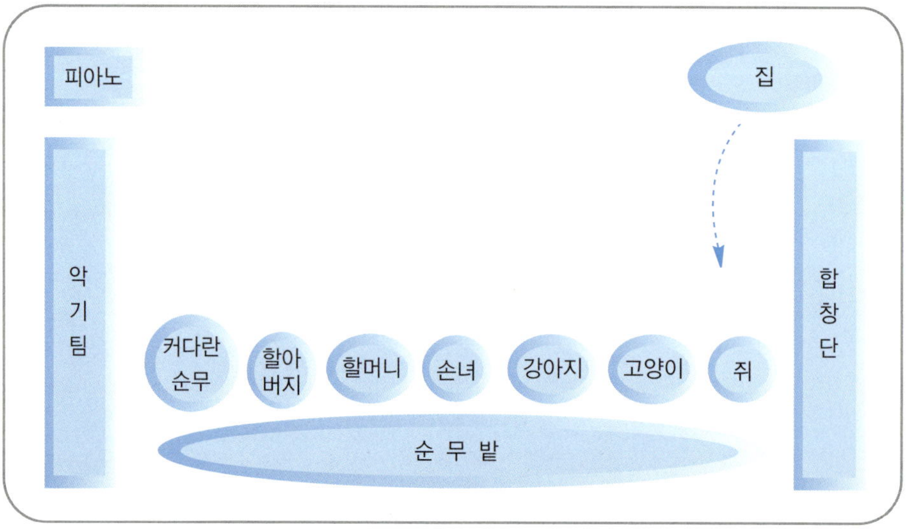

(반주가 시작되면 쥐는 집에서 나와 고양이의 허리를 잡는다. 이때 온 가족이 함께 노래를 준비한다.)

#8 닫는 노래

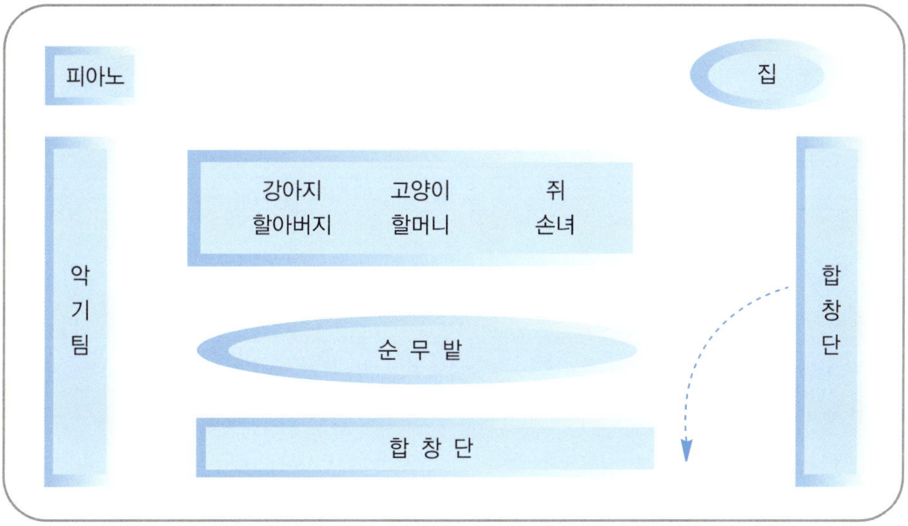

(반주가 시작되기 전 합창단은 무대 가운데에서 율동을 준비한다. 등장인물은 무대 뒤편에서 율동과 노래를 함께 한다.)

리듬악보 커다란 순무

#1 여는 노래

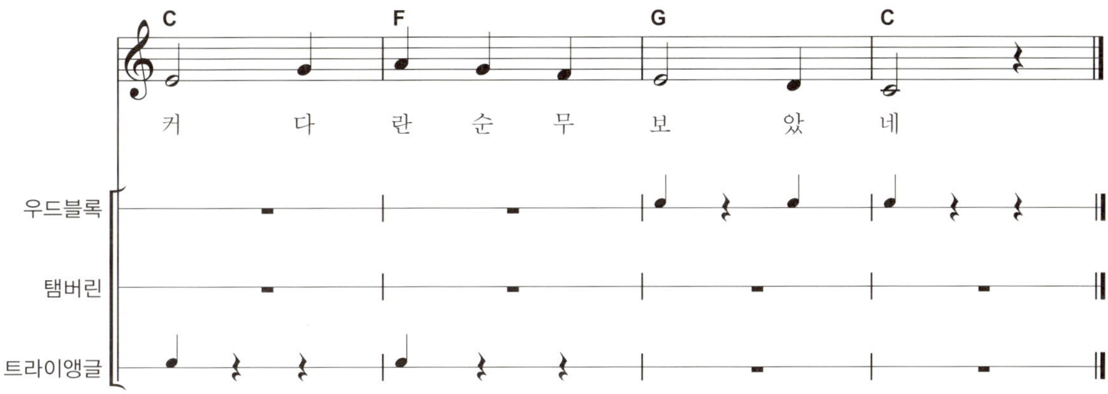

#2 커다란 순무를 뽑으려는 할아버지

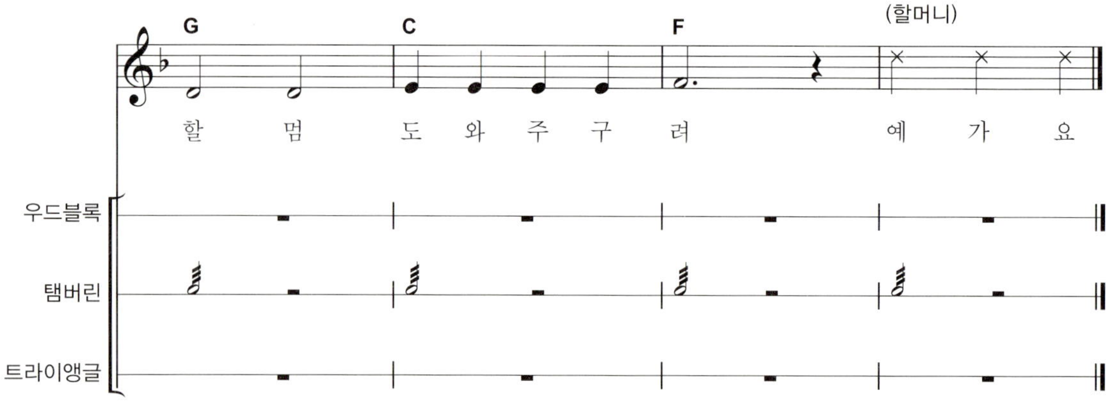

#3 순무 뽑는 것을 돕는 할머니

F G C F
치 기 영 차 영 치 기 영 차 커 다 란 순 무 뽑 자
우드블록
탬버린
트라이앵글
G C F G C F
내 힘 으 론 안 되 겠 네 손 녀 를 불 러 야 지
우드블록
탬버린
트라이앵글
G C F (손녀)
애 야 도 와 다 오 네 할머니
우드블록
탬버린
트라이앵글

#4 순무 뽑는 것을 돕는 손녀

#5 순무 뽑는것을 돕는 강아지

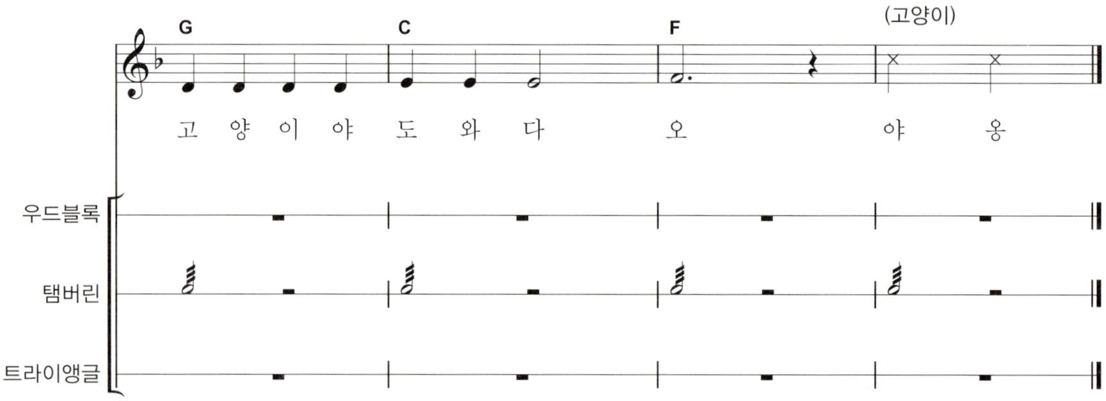

#6 순무 뽑는 것을 돕는 고양이

F G C F
치 기 영 차 영 치 기 영 차 커 다 란 순 무 뽑 자
우드블록
탬버린
트라이앵글
G C F G C F
내 힘 으 론 안 되 겠 네 생 쥐 를 불 러 야 지
우드블록
탬버린
트라이앵글
G C F
(생쥐)
쥐 야 도 와 다 오 찍 찍
우드블록
탬버린
트라이앵글

#7 순무 뽑는 것을 돕는 쥐

C
커 다 란 무 뽑 자 커 다 란 무 뽑 자 혼 자 힘 으 로 는 안 돼
우드블록
탬버린
트라이앵글
Dm G C
모 두 힘 을 합 쳐 뽑 자 영 치 기 영 차
우드블록
탬버린
트라이앵글
C G C
영 치 기 영 차 하나 둘 셋 넷 뽑 혔 다 (야호)
우드블록
탬버린
트라이앵글

#8 닫는 노래

C G
모 두 힘 을 합 쳐 서
우드블록
탬버린
트라이앵글
C F G C
커 다 란 순 무 뽑 았 네
우드블록
탬버린
트라이앵글
C G
서 로 서 로 도 와 가 며
우드블록
탬버린
트라이앵글

C
F
G
C
행 복 하 게 살 았 다 네
우드블록
탬버린
트라이앵글

2. 누가 내 머리에 똥 쌌어? (창작동화)

동화 줄거리

출처 : 누가 내 머리에 똥 쌌어? 베르너 홀츠바르트 글 / 울프 에를브루흐 그림 | 사계절

두더지 머리 위에 똥이 떨어졌어요. 화가 난 두더지는 그 똥이 누구의 똥인지 알아내기 위해 동물들을 만나 물어보기로 했어요.

먼저 비둘기를 만나 비둘기 똥인지 물어보았어요. 하지만 비둘기는 자기 똥이 아니라고 했어요. 두더지는 말을 만났어요. 말도 자기 똥이 아니라며 말똥을 보여주었어요. 두더지는 토끼를 만났어요. 토끼의 똥인지 물었더니, 아니라며 토끼똥을 보여 주었지요. 두더지는 돼지를 만났어요. 돼지에게 물었더니, 돼지똥을 보여주며 자기 똥이 아니라고 했지요. 어디선가 파리가 날아왔어요.

파리에게 누구 똥인지 물었더니, 냄새를 맡아보더니 강아지 한스의 똥이라고 알려주었어요. 두더지는 자고 있는 강아지 한스의 집 위로 살금살금 올라가서, 강아지 한스의 머리 위에 두더지 똥을 싸고, 집으로 돌아갔답니다.

주제망

『누가 내 머리에 똥 쌌어?』라는 동화를 듣고 동화에 대한 유아들의 생각을 이야기 나눈 뒤, 주제망으로 구성해 본다.

T : 『누가 내 머리에 똥 쌌어?』라는 동화를 듣고 어떤 생각이 들었니?

C : 두더지가 정말 많이 화가 났어요. 누가 머리에 똥을 쌌거든요.

T : 그래서 두더지가 어떻게 했니?

C : 동물들한테 누구 똥인지 물어보았어요.

T : 두더지 머리에 있는 똥이 누구의 똥인지 어떻게 찾을 수 있었니?

C : 동물 똥이 모두 달랐어요. 그래서 강아지 똥인 것을 알 수 있었어요.

누가 내 머리에 똥 쌌어?

〈등장인물〉
두더지, 비둘기, 말, 토끼, 돼지, 파리, 강아지 한스

〈두더지 특징〉
화를 잘 냄
자기에게 잘못하면, 똑같이 복수함

〈장소〉
숲 속,
두더지 집,
강아지 한스의 집

〈일어난 일〉
두더지 머리에 누가 똥 싼 것을 알고, 화가 나 주인을 찾음. 강아지 한스에게 똑같이 복수함.

등장인물 분석

대그룹 혹은 소그룹으로 모여 『누가 내 머리에 똥 쌌어?』 동화의 등장인물들에 대해 이야기를 나누며 분석한다.

T : 두더지는 어떤 것 같니?

C : 화를 잘 내요. 강아지 한스가 똥 싼 것을 알고, 똑같이 똥을 싸요.

T : 두더지가 누구를 먼저 만났니?

C : 비둘기요.

두더지

- 〈일어난 일〉 두더지 머리에 똥을 눈 주인을 찾으러 다님
- 〈사는 곳〉 땅 속
- 〈성격〉 화를 잘 냄

강아지 한스

- 〈일어난 일〉 두더지 머리에 똥을 눔 / 두더지가 복수함
- 〈특징〉 잠을 잠

파리

- 〈일어난 일〉 두더지 머리의 똥 주인을 찾아줌
- 〈특징〉 냄새를 잘 맡음

음악극본 누가 내 머리에 똥 쌌어?

▶ 박경숙 요 · 곡

등장인물 : 두더지, 비둘기, 말, 토끼, 돼지, 파리, 강아지 한스

#1 여는 노래

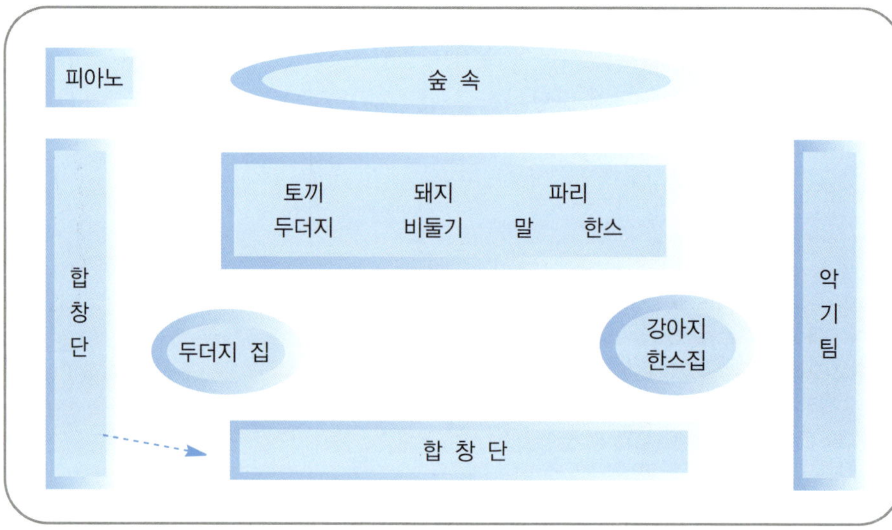

(합창단은 노래 반주가 시작되기 전에 미리 무대 가운데에서 노래와 율동을 준비한다. 등장인물은 무대 뒤편에서 율동과 노래를 함께 한다.)

#2 두더지 등장

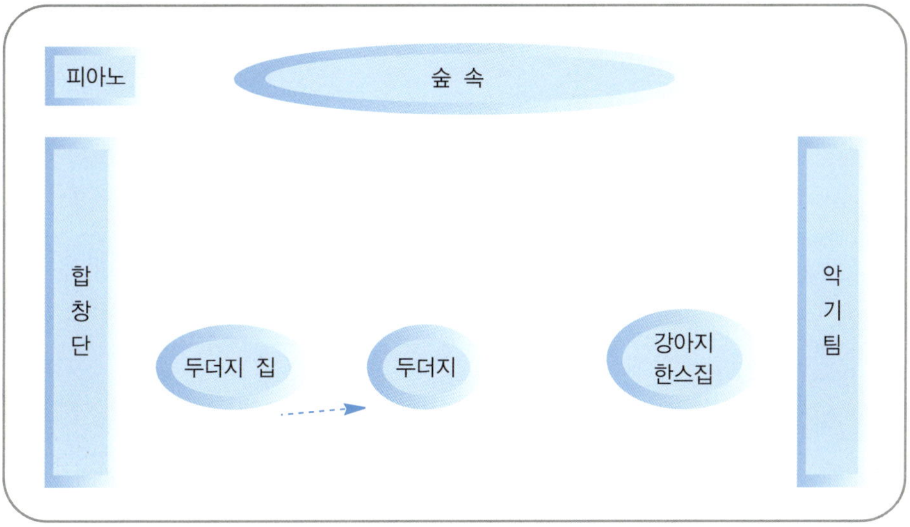

(반주가 시작되면 두더지는 두더지 집 뒤로 숨는다. 한스는 강아지 집 뒤로 이동하며, 나머지 동물들은 숲 속 뒤로 숨는다. 합창단의 노래가 시작되면 두더지 집에 있던 두더지는 머리에 똥 때문에 몹시 화를 내며 중앙으로 이동한다.)

#3 두더지와 비둘기의 만남

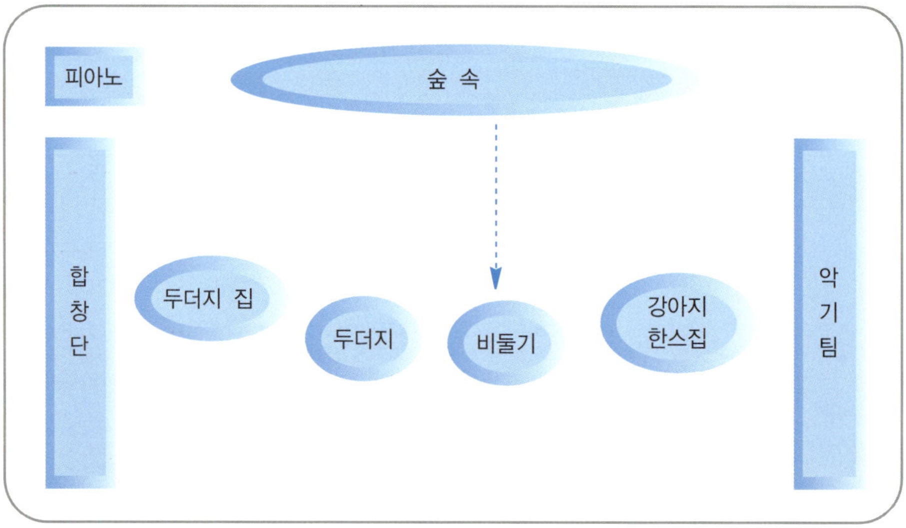

(두더지와 비둘기가 중앙으로 자리를 옮기며, 대화하듯 노래를 주고 받는다. 노래 중에 비둘기가 똥을 누는 장면에서 엉덩이를 돌려 두더지에게 보여주고는 숲 속으로 들어간다.)

#4 두더지와 말의 만남

(말은 중앙으로 자리를 옮기며, 두더지와 대화하듯 노래를 주고 받는다. 노래 중에 말똥을 누는 장면에서 엉덩이를 돌려 두더지에게 보여주고는 숲 속으로 들어간다.)

#5 두더지와 토끼의 만남

(토끼는 숲 속에서 나와 중앙으로 자리를 옮기며, 두더지와 대화하듯 노래를 주고 받는다. 노래 중에 똥을 누는 장면에서 엉덩이를 돌려 두더지에게 보여주고는 숲 속으로 들어간다.)

#6 두더지와 돼지의 만남

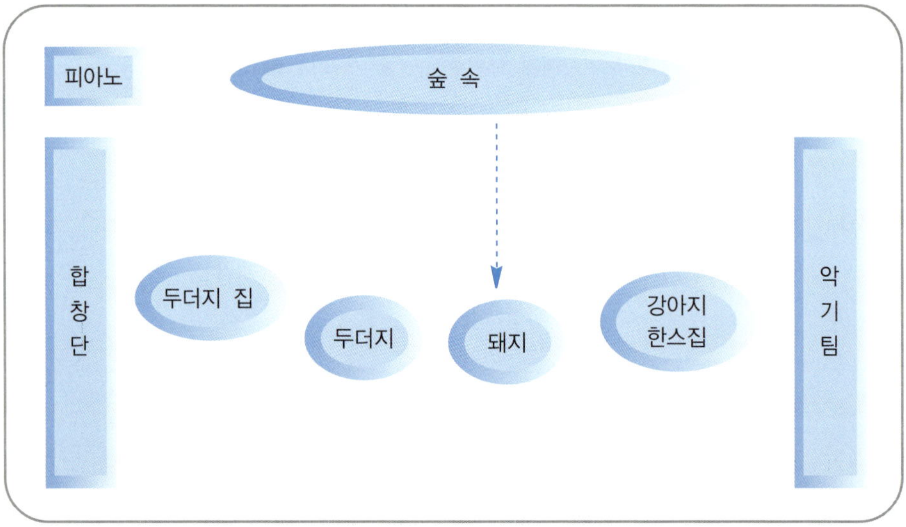

(돼지는 돼지 흉내를 내며 숲 속에서 나와 중앙으로 자리를 옮긴다. 두더지와 대화하듯 노래를 주고 받는다. 노래 중에 똥을 누는 장면에서 엉덩이를 돌려 두더지에게 보여주고는 숲 속으로 들어간다.)

#7 두더지와 파리의 만남

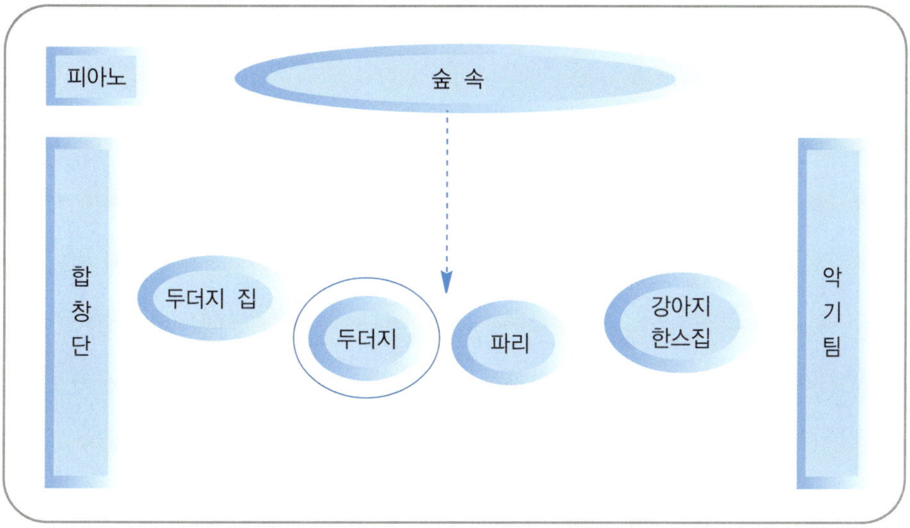

(파리는 숲 속에서 나와 중앙에 선다. 두더지가 누구 똥인지 묻자, 윙~ 소리를 내며 두더지 주위를 맴돈다. 그리고는 숲 속으로 사라진다.)

#8 강아지 한스 집 앞–합창곡

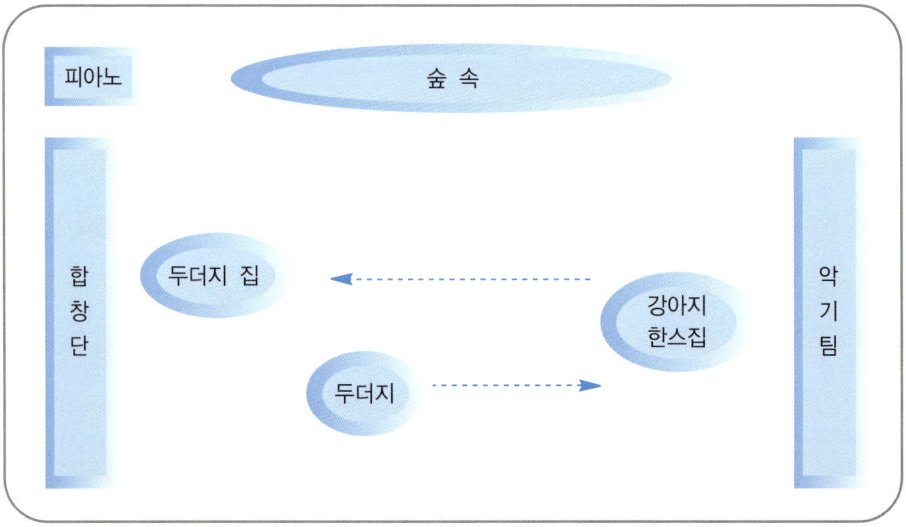

(반주가 시작되면 강아지 한스는 집 앞으로 나와 잠자고 있는 시늉을 한다. 두더지는 강아지 한스 집쪽으로 이동하여 한스 머리에 똥 누는 시늉을 한 뒤, 두더지 집 뒤로 숨는다.)

#9 닫는 노래

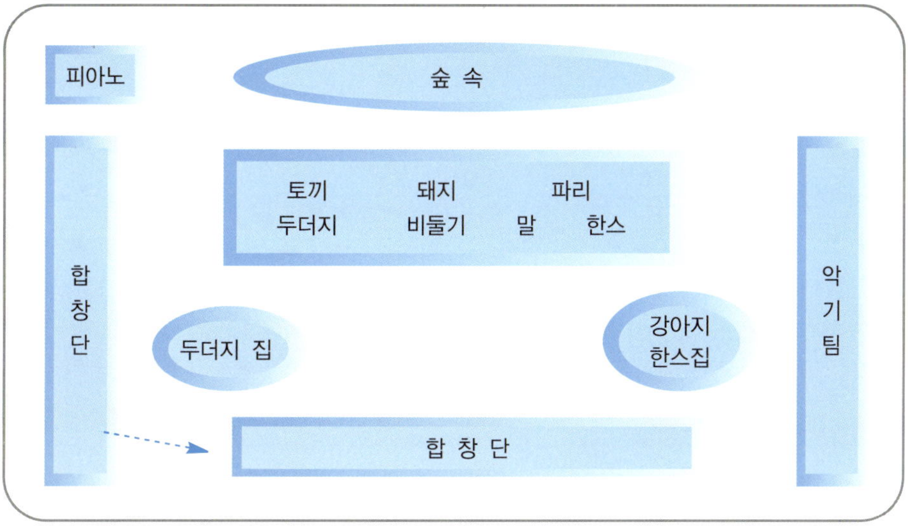

(합창단은 노래 반주가 시작되면 무대 앞으로 나와 준비하고, 나머지 등장인물은 무대 뒤편에서 율동과 노래를 함께 한다.)

리듬악보 누가 내 머리에 똥 쌌어?

#1 여는 노래

#2 두더지 등장

#3 두더지와 비둘기의 만남

(비둘기)
G C G C
내 똥은이렇게 생겼는 걸 난 절대아 니 야 (푸지직)
우드블록
탬버린
트라이앵글

(두더지)
C G C
그 럼 누구의 똥 일 까 꼭 찾고말 테 야
우드블록
탬버린
트라이앵글

#4 두더지와 말의 만남

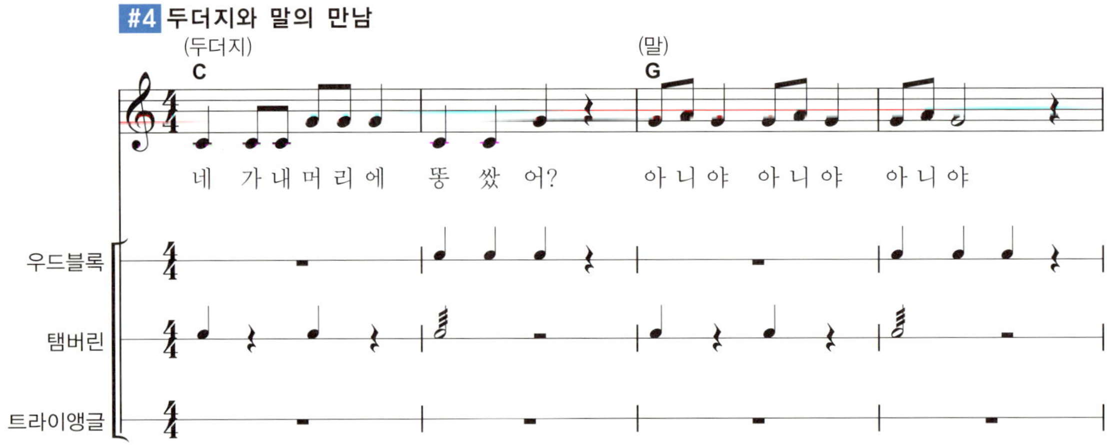
(두더지) (말)
C G
네 가내머리에 똥 쌌 어? 아니야 아니야 아니야
우드블록
탬버린
트라이앵글

(말)
G C G C
내 똥은이렇게 생겼는 걸 난 절대아 니 야 (푸지직)
우드블록
탬버린
트라이앵글

(두더지)
C G C
그 럼 누구의 똥 일 까 꼭 찾고말 테 야
우드블록
탬버린
트라이앵글

#5 두더지와 토끼의 만남

(두더지)
C
(토끼)
G
네 가내머리에 똥 쌌 어? 아니야 아니야 아니야
우드블록
탬버린
트라이앵글

(토끼)
G C G C
내 똥은이렇게 생겼는 걸 난 절대아 니 야 (푸지직)
우드블록
탬버린
트라이앵글

(두더지)
C G C
그 럼 누구의 똥 일 까 꼭 찾고말 테 야
우드블록
탬버린
트라이앵글

#6 두더지와 돼지의 만남

(두더지) (돼지)
C G
네 가내머리에 똥 쌌 어? 아니야 아니야 아니야
우드블록
탬버린
트라이앵글

(돼지)
G C G C
내 똥은이렇게 생겼는 걸 난 절대아 니 야 (푸지직)
우드블록
탬버린
트라이앵글

(두더지)
C G C
그 럼 누구의 똥 일 까 꼭 찾고말 테 야
우드블록
탬버린
트라이앵글

#7 두더지와 파리의 만남

(두더지) (파리)
C G
파 리야이똥이 누구똥일까? 위 – – 윙 – – 윙 – –
우드블록
탬버린
트라이앵글

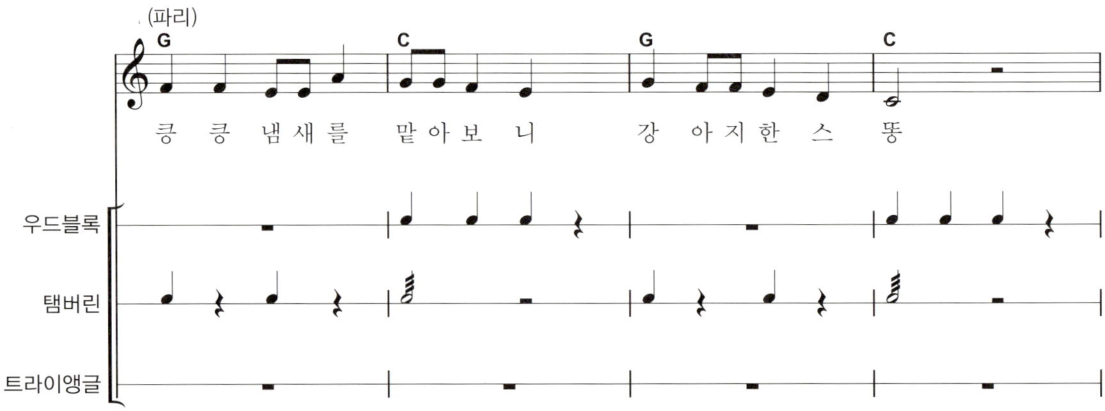

#8 강아지 한스 집 앞–합창곡

G Dm A D
작 고 까 만 두 더 지 똥 이 강 아 지 머 리 에 슝 슝 슝
우드블록
탬버린
트라이앵글

G Dm A D
작 은 두 더 지 그 제 서 야 기 분 좋 게 땅 속 으 로 슝 슝 슝
우드블록
탬버린
트라이앵글

#9 닫는 노래

C G C G C G
무 슨 냄 새 지 무 슨 냄 새 지 두 더 지 머 리 에 떨 어 진 똥
우드블록
탬버린
트라이앵글

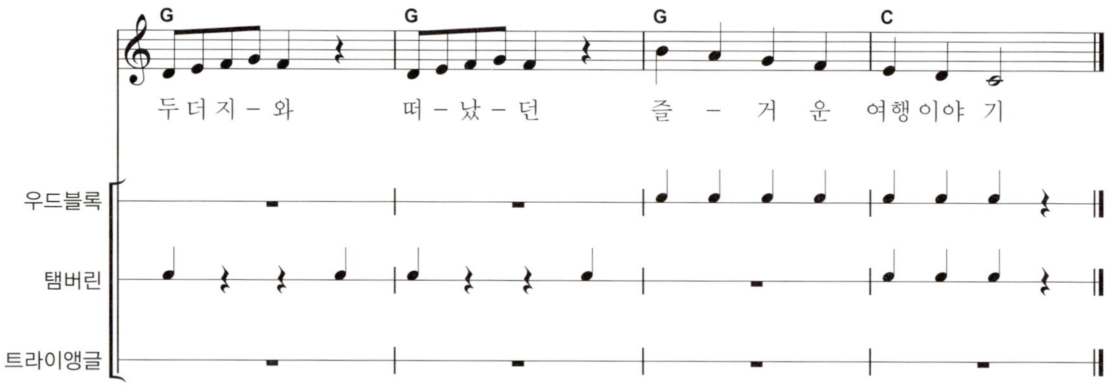
G
G
G
C
두더지－와
떠－났－던
즐－거운
여행이야기
우드블록
탬버린
트라이앵글

3. 브레멘 음악대(명작동화)

동화 줄거리

출처 : 브레멘 음악대 (읽는 재미 듣는 재미 CD 명작) 그림형제 원작 / 금동이책 엮음 / 이은선 그림 / 김성준 음악감독 | 깊은책속옹달샘

옛날 옛날에, 주인을 위해 열심히 일하는 당나귀가 있었는데, 그 집 주인은 당나귀가 늙었다면서 없애려고 했어요. 그러자 당나귀는 음악을 좋아하는 사람들이 많이 있다는 브레멘으로 향했어요. 당나귀는 브레멘을 향해 걷다가, 당나귀처럼 늙어서 버림 받은 사냥개, 고양이, 수탉을 차례대로 만나게 되었고, 함께 음악대가 되기로 했어요. 음악연주를 하며 신나게 가다 보니 어느새 밤이 깊어진 숲속. 캠핑을 준비하던, 동물들은 멀리서 불빛을 발견하게 되고, 귀신의 집일지도 모른다는 호기심, 기대, 걱정을 간직 채 불빛을 향해 출발하지요. 하지만 그 곳은 귀신의 집이 아니라, 도둑의 집이였는 데 하룻밤 묵게 되는 도둑 집에서 서로 힘을 합쳐 도둑을 내쫓고 행복하게 살게 되었답니다.

주제망

동화 『브레멘 음악대』를 듣고 동화책의 내용을 통해 주제망으로 구성해 본다.

T : 브레멘 음악대 동화에는 누가 나왔니?

C : 당나귀요, 사냥개, 고양이요...

T : 그래서 무슨 일이 일어났지?

C : 당나귀가 너무 늙었어요, 집을 나와서 친구들을 만나요...

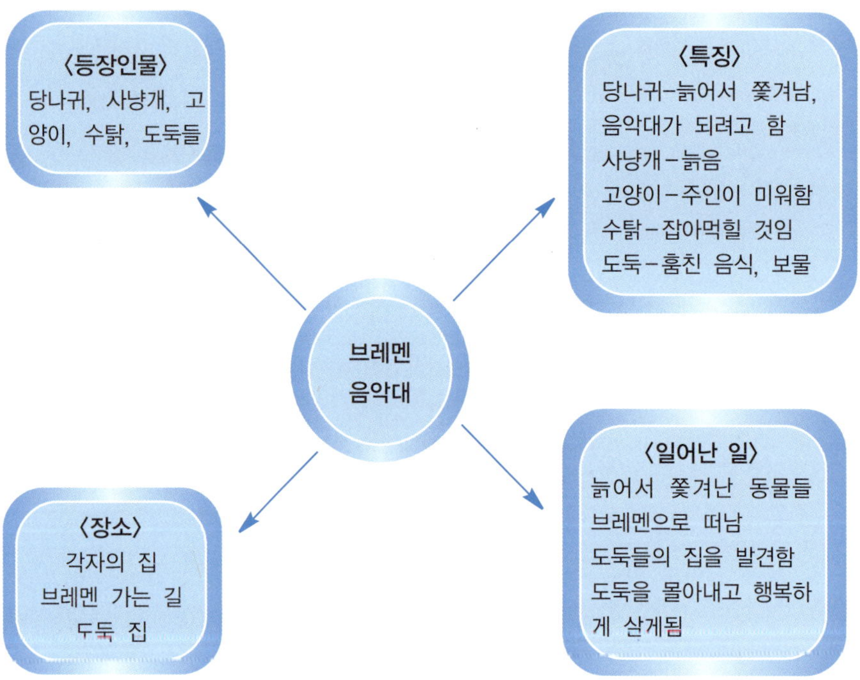

등장인물 분석

대그룹 혹은 소그룹 이야기 나누기를 통해 『브레멘 음악대』 동화의 등장인물들에 대한 분석을 한다.

T : 당나귀의 특징은 무엇일까?

C : 늙었어요. 주인이 쫓아냈어요

T : 누구를 만났니?

C : 늙은 사냥개를 만났어요

당나귀

〈사는 곳〉 농장집
〈가는 곳〉 브레멘

〈특징〉 늙음, 쫓겨남

〈성격〉 걱정 안함
꿈이 있음

사냥개

〈일어난 일〉 늙어서 주인에게 쫓겨남

〈특징〉 힘이 없었음
당나귀를 만나서 꿈이 생김

고양이

〈일어난 일〉 기운이 없어서 쥐도 못잡음
주인이 미워함

〈특징〉 슬펐음
당나귀를 만나서 꿈이 생김

수탉

〈일어난 일〉 주인이 잡아 먹으려고 함

〈특징〉 슬펐음
당나귀를 만나서 꿈이 생김

도둑들

〈일어난 일〉 물건과 음식을 훔쳐서 집에 쌓아 둠

〈특징〉 도둑질 함
나중에 도망감

음악극본 브레멘 음악대

▶ 장은희 요 · 곡

등장인물 : 당나귀, 사냥개, 고양이, 수탉, 도둑들(3)

#1 여는 노래

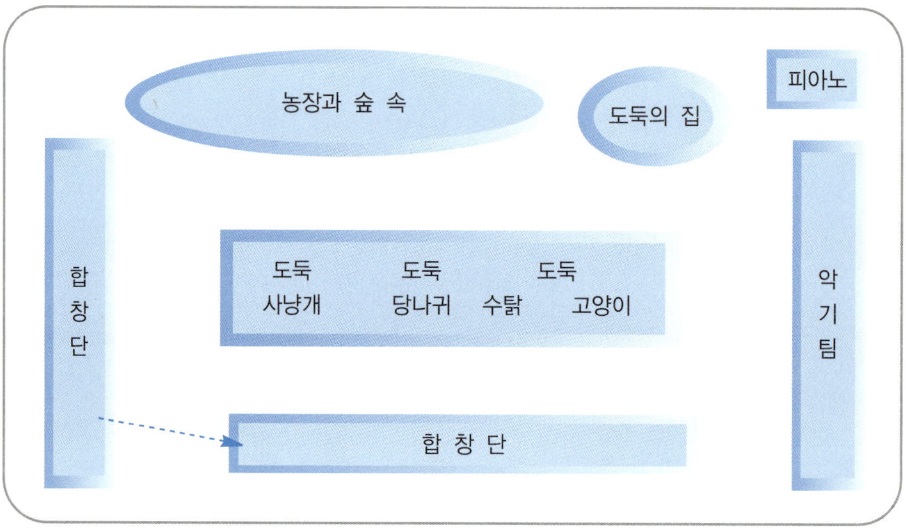

(반주가 시작되기 전 합창단은 무대 가운데에서 율동을 준비한다. 등장인물은 무대 뒤편에서 율동과 노래를 함께 한다)

#2 합창단 노래

(반주가 시작되면 동물들은 숲 속 배경 뒤로, 도둑은 도둑의 집 배경 뒤로 들어간다. 합창단은 무대 가운데에서 노래를 준비한다.)

#3 당나귀-브레멘으로 출발!

(반주가 시작되면 합창단은 자리로 돌아가고, 당나귀는 무대 중앙에 위치한다)

#4 합창단 노래

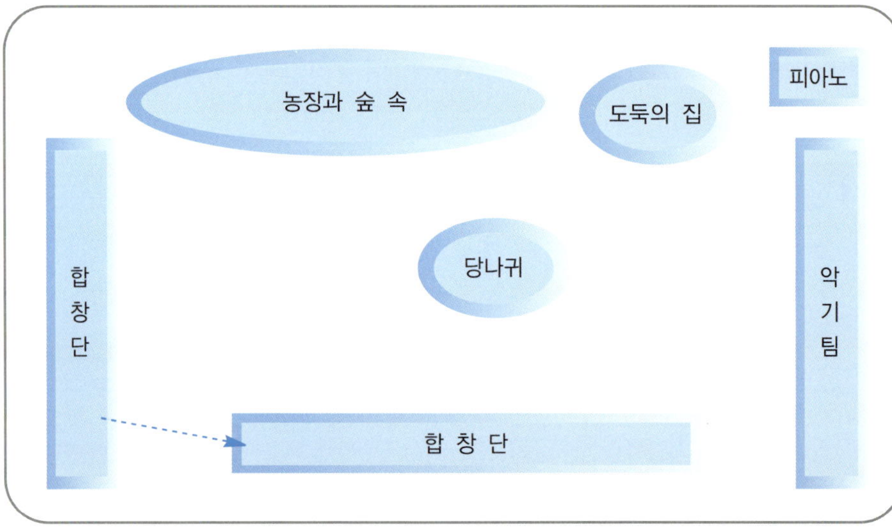

(반주가 시작되면 당나귀는 숲 속 배경 앞에 자리하고 합창단은 무대 중앙에 위치한다)

#5 당나귀와 사냥개의 노래

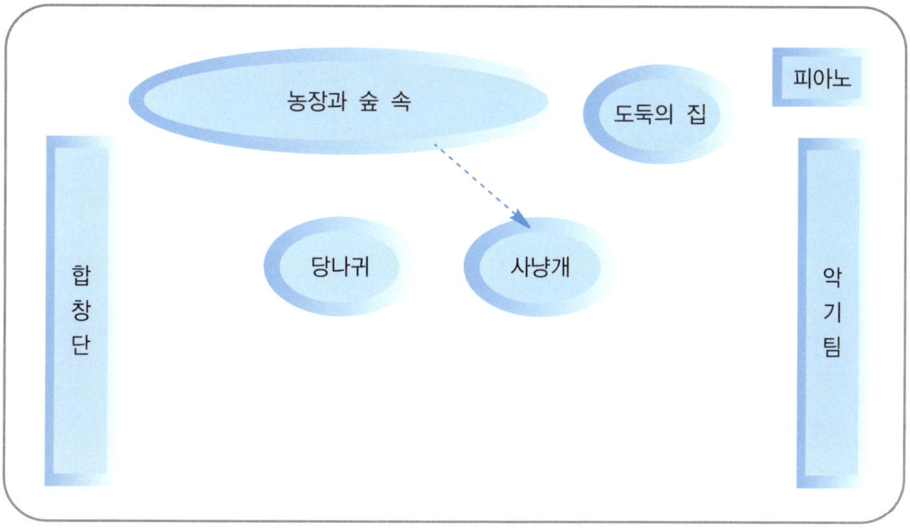

(반주가 시작되면 당나귀는 무대 중앙에 위치하고 사냥개는 숲 속 배경에서 무대 중앙으로 나와 힘없이 서 있는다.)

#6 합창단 노래

(반주가 시작되면 당나귀와 사냥개는 숲 속 배경 앞에 자리하고 합창단은 무대 중앙에 위치한다)

#7 당나귀와 사냥개-고양이의 노래

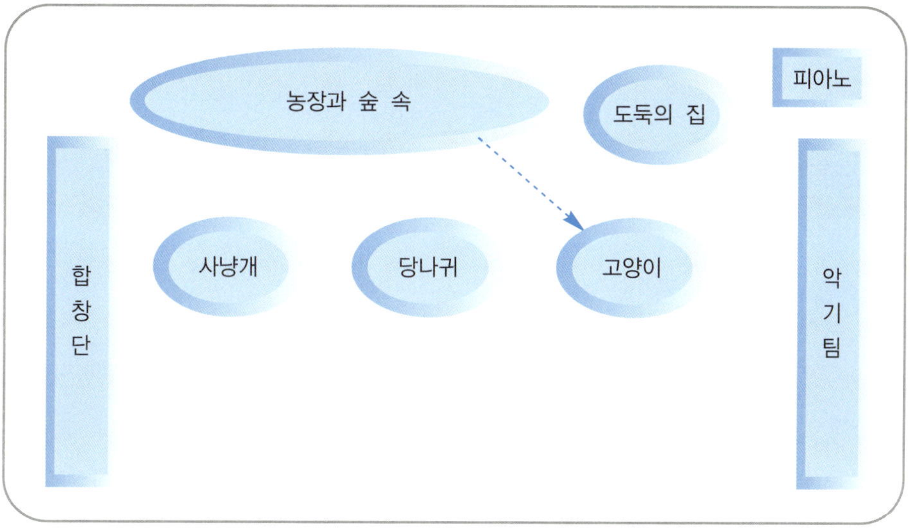

(반주가 시작되면 당나귀와 사냥개는 무대 중앙에 위치하고 고양이는 숲 속 배경에서 무대 중앙으로 나와 힘없이 앉아 있는다.)

#8 합창단 노래

(반주가 시작되면 당나귀와 사냥개, 고양이는 숲 속 배경 앞에 자리하고 합창단은 무대 중앙에 위치한다)

#9 당나귀, 사냥개, 고양이–수탉의 노래

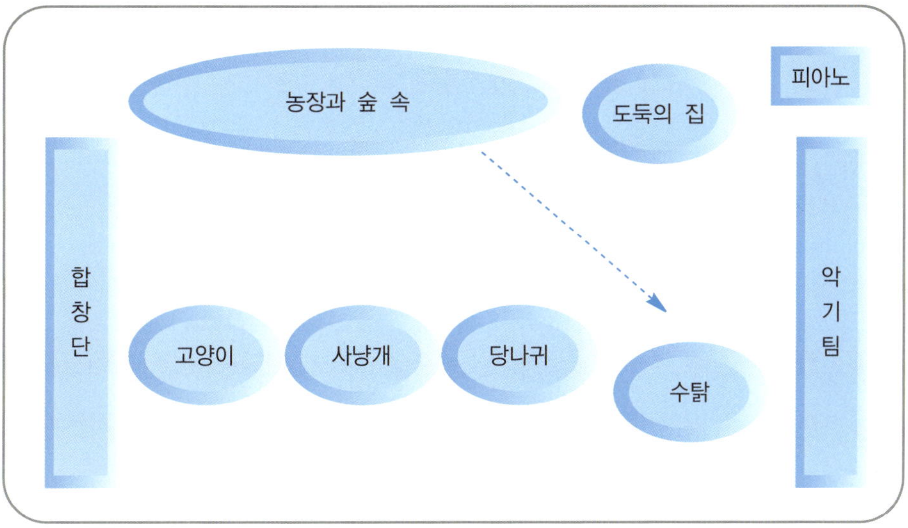

(반주가 시작되면 당나귀와 사냥개, 고양이는 무대 중앙에 위치하고 수탉은 숲 속 배경에서 무대 중앙으로 나와 힘없이 앉아 있는다.)

#10 출발의 노래

(반주가 시작되면 당나귀와 사냥개, 고양이, 수탉은 무대 중앙에 위치하고 율동을 준비한다. 이전까지 같은 패턴의 반복이 많았으므로 이 부분의 율동은 좀 더 동적인 동선으로 배치하도록 한다.)

#11 합창단–다리 아파 노래

(반주가 시작되면 당나귀와 사냥개, 고양이, 수탉은 무대 뒤편 숲 속 배경 앞에 위치하고 합창단이 무대 중앙에 위치한다. 합창단 노래 시 등장인물들은 다리 아픈 연기를 해도 좋다.)

#12 도둑의 집 발견 노래

(반주가 시작되면 합창단은 자리로 돌아가고, 당나귀와 사냥개, 고양이, 수탉은 무대 중앙에 위치한다. 이 부분의 합창단 노래는 짧으므로 무대 중앙으로 나오지 않고 자리에서 부른다.)

(당나귀, 사냥개, 고양이)

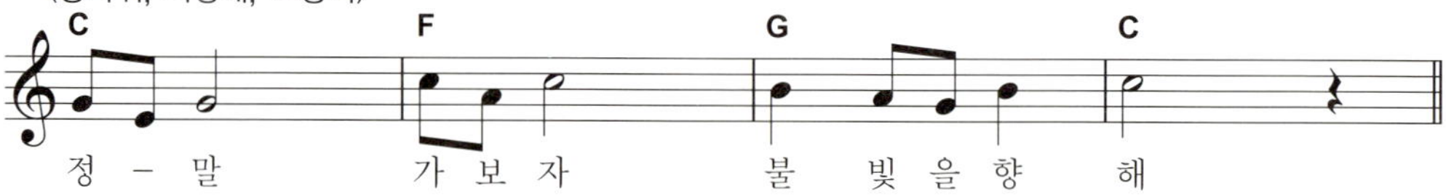

(도둑의 집을 가리키며)

#13 도둑의 노래

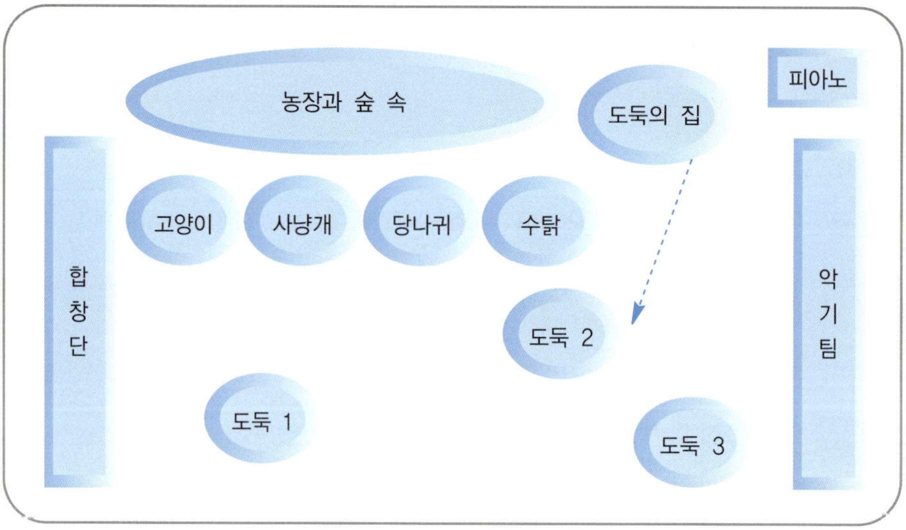

(반주가 시작되면 당나귀와 사냥개, 고양이, 수탉은 무대 뒷편에 위치한다. 도둑들은 도둑의 집 배경에서 나와 무대 중앙에 자리한다.)

#14 도둑 쫓는 노래-도둑 도망가는 노래

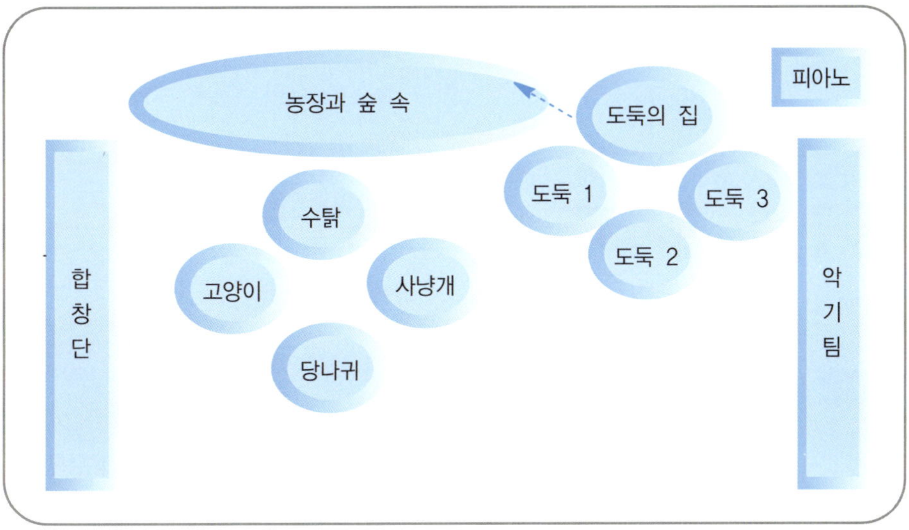

(반주가 시작되면 도둑들은 도둑의 집 배경 앞에 앉아 음식 먹는 흉내를 낸다. 당나귀와 사냥개, 고양이, 수탉은 무대 중앙에 자리한다. 동화 내용으로는 서로의 등에 올라가는 장면이지만 지그재그로 서서 연출한다. 혹은 교사의 도움으로 발판에 올라서도 좋다. 도둑들은 숲 속 배경 뒤로 도망간다.)

#15 닫는 노래

(반주가 시작되기 전 합창단은 무대 가운데에서 율동을 준비한다. 등장인물은 무대 뒤편에서 율동과 노래를 함께 한다)

리듬악보 브레멘 음악대

#1 여는 노래

#2 합창단 노래

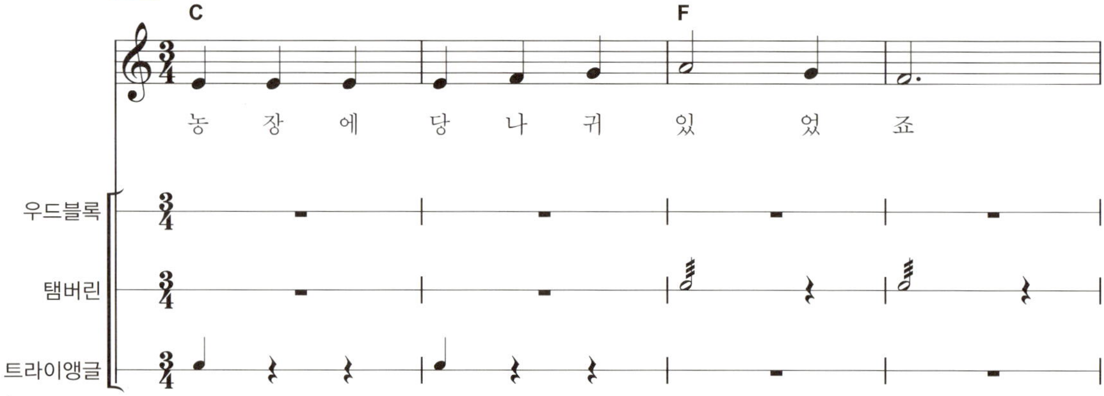
C
F
농 장 에 당 나 귀 있 었 죠
우드블록
탬버린
트라이앵글

C
G
늙 어 서 일 할 수 없 었 죠
우드블록
탬버린
트라이앵글

C
F
F(Fdim)
주 인 에 게 쫓 겨 난 당 나 귀 는
우드블록
탬버린
트라이앵글

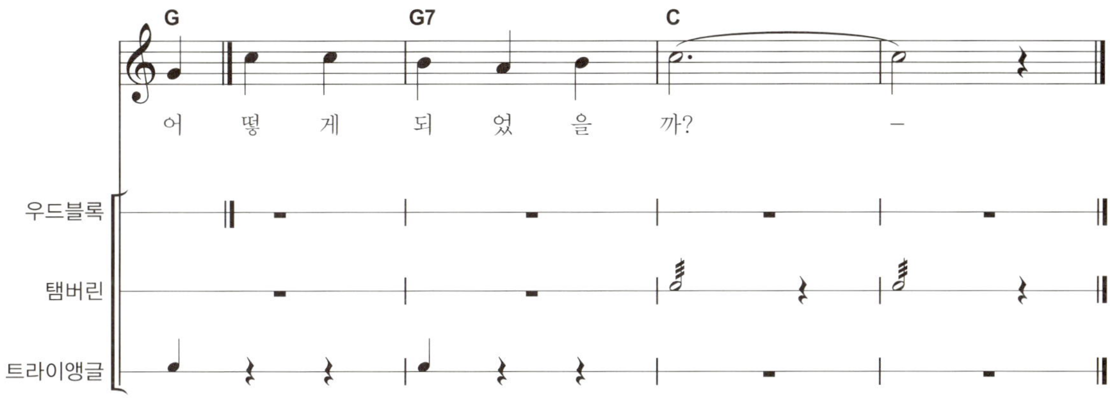

#3 당나귀 – 브레멘으로 출발

#4 합창단 노래

C F
당 나 귀 집 을 나 와 터 벅 터 벅
우드블록
탬버린
트라이앵글
C G
힘 없 이 걷 고 있 는 데
우드블록
탬버린
트라이앵글
C F (Fdim)
주 인 에 게 쫓 겨 난 사 냥 개 를
우드블록
탬버린
트라이앵글

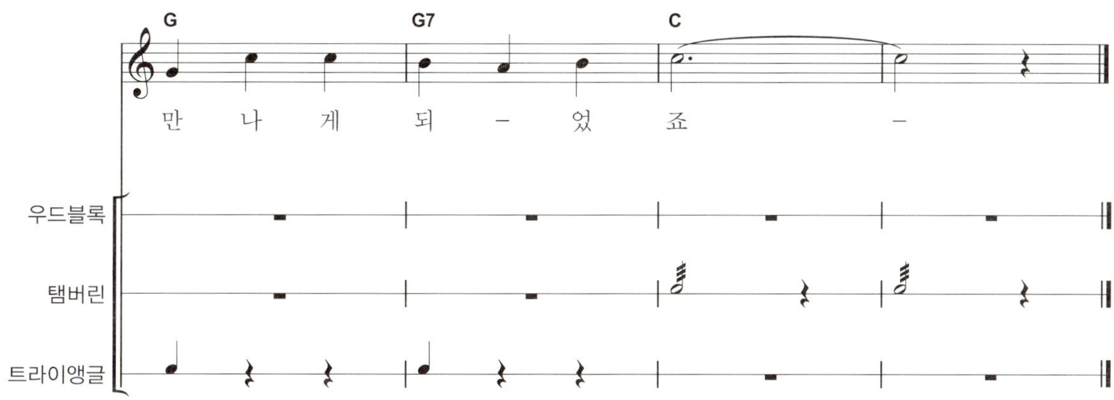

#5 당나귀와 사냥개의 노래

(사냥개)
C G G7 C
늙 었 다 고 사 냥 못 한 다 고
우드블록
탬버린
트라이앵글
F G C
주 인 이 구 박 한 단 다 –
우드블록
탬버린
트라이앵글
(당나귀)
F C
사 냥 개 야 걱 정 하 지 마 나 와 함 께 브 레 멘 에 가 자
우드블록
탬버린
트라이앵글

F G C F
멋 진 노 래 와 악 기 연 주 하 는 음 악 대 를 만 들 자 멋 지 게
우드블록
탬버린
트라이앵글
(다같이)
F C
가 자 가 자 브 레 멘 으 로 어 서 가 자 브 레 멘 으 로
우드블록
탬버린
트라이앵글
F G C F
친 구 들 과 함 – 께 가 서 음 악 대 를 만 들 자 – 멋 지 게
우드블록
탬버린
트라이앵글

#6 합창단 노래

C
F
당 나 귀 와 사 냥 개 다 정 히
우드블록
탬버린
트라이앵글

C
G
브 레 멘 으 로 가 고 있 는 데
우드블록
탬버린
트라이앵글

C
F
Fdim
지 붕 위 에 힘 없 이 앉 아 있 는
우드블록
탬버린
트라이앵글

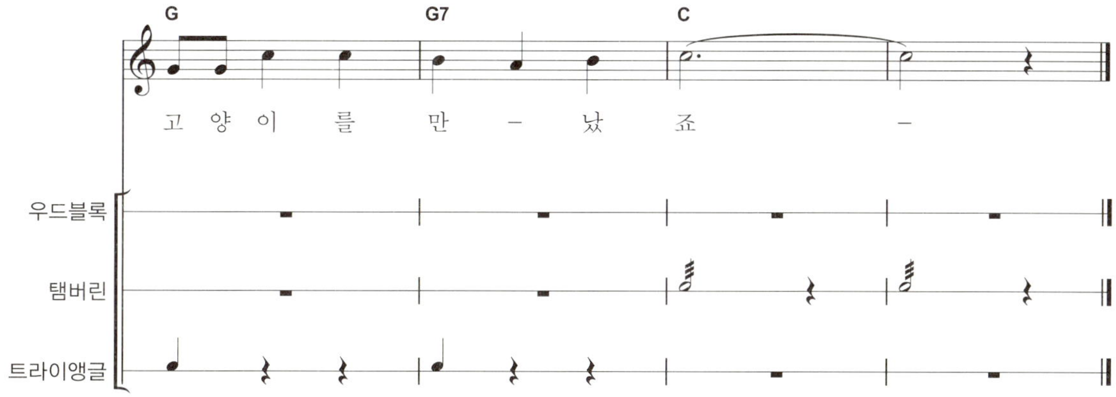

#7 당나귀와 사냥개 – 고양이의 노래

(당나귀, 사냥개)

(고양이)
C G G C
기 운 없 어 서 쥐 못 잡 는 다 고
우드블록
탬버린
트라이앵글
F G C
주 인 이 미 워 한 단 다 –
우드블록
탬버린
트라이앵글
(당나귀, 사냥개)
F C
고 – 양 아 걱 정 하 지 마 우 리 와 함 께 브 레 멘 에 가 자
우드블록
탬버린
트라이앵글

F G C F
멋 진 노 래 와 악 기 연 주 하 는 음 악 대 를 만 들 자 멋 지 게
우드블록
탬버린
트라이앵글

(다같이)
F C
가 자 가 자 브 레 멘 으 로 어 서 가 자 브 레 멘 으 로
우드블록
탬버린
트라이앵글

F G C F
친 구 들 과 함 께 가 서 음 악 대 를 만 들 자 멋 지 게
우드블록
탬버린
트라이앵글

#8 합창단 노래

C F
당 나 귀 와 사 냥 개 고 양 이
우드블록
탬버린
트라이앵글
C G
브 레 멘 으 로 가 고 있 는 데
우드블록
탬버린
트라이앵글
C F Fdim
지 붕 에 서 꼬 끼 오 울 어 대 는
우드블록
탬버린
트라이앵글

#9 당나귀, 사냥개, 고양이 – 수탉의 노래

(당나귀, 사냥개, 고양이)

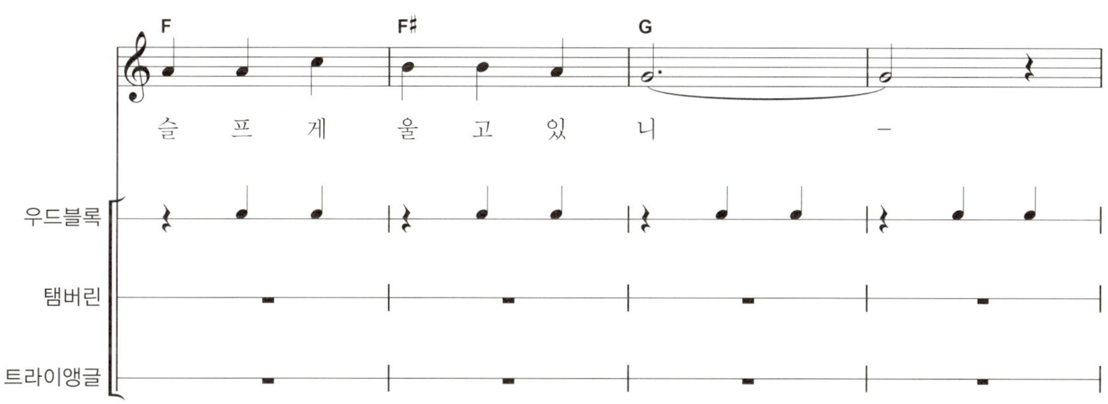

(수탉)
C G C
주 – 인 이 오 늘 밤 에
우드블록
탬버린
트라이앵글
F G C
나 를 잡 아 수 프 를 만 들 려 고 해
우드블록
탬버린
트라이앵글
(당나귀, 사냥개, 고양이)
F C
수 – 탉 아 걱 정 하 지 마 우 리 와 함 께 브 레 멘 에 가 자
우드블록
탬버린
트라이앵글

F G C F
멋 진 노 래 와 악 기 연 주 하 는 음 악 대 를 만 들 자 멋 지 게
우드블록
탬버린
트라이앵글
(다같이)
F C
가 자 가 자 브 레 멘 으 로 어 서 가 자 브 레 멘 으 로
우드블록
탬버린
트라이앵글
F G C F
친 구 들 과 함 께 가 서 음 악 대 를 만 들 자 멋 지 게
우드블록
탬버린
트라이앵글

#10 출발의 노래

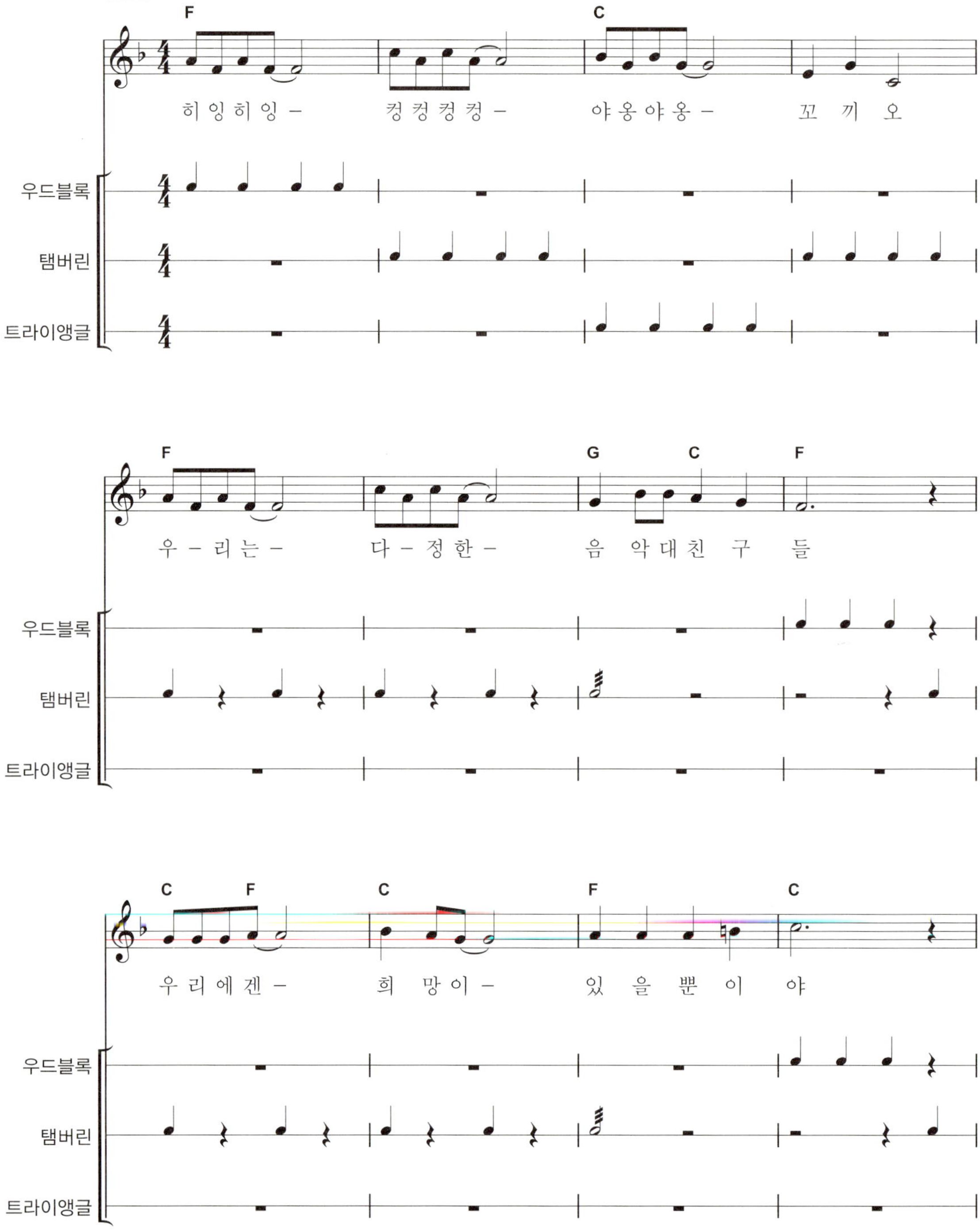
F C
히 잉 히 잉 – 컹 컹 컹 컹 – 야 옹 야 옹 – 꼬 끼 오
우드블록
탬버린
트라이앵글
F G C F
우 – 리 는 – 다 – 정 한 – 음 악 대 친 구 들
우드블록
탬버린
트라이앵글
C F C F C
우 리 에 겐 – 희 망 이 – 있 을 뿐 이 야
우드블록
탬버린
트라이앵글

#11 합창단 – 다리 아파 노래

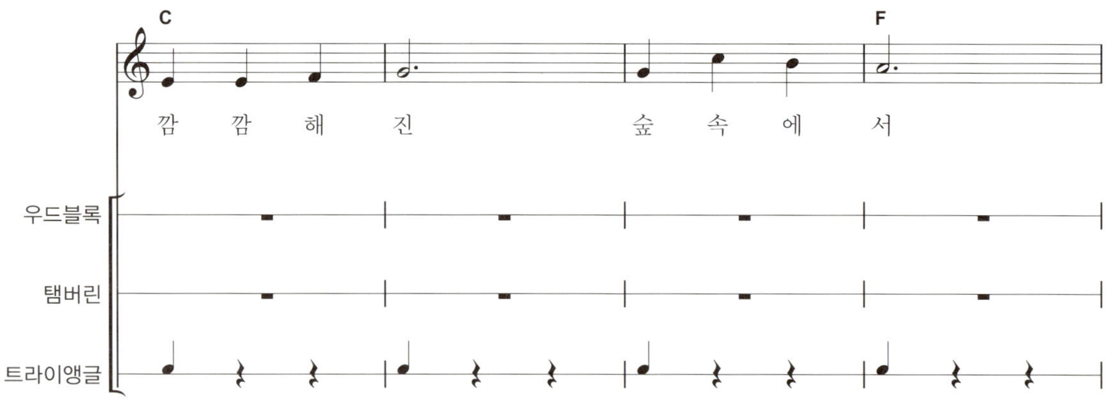
C
F
깜 깜 해 진 숲 속 에 서
우드블록
탬버린
트라이앵글

G
C
쉬 었 다 가 기 로 했 죠
우드블록
탬버린
트라이앵글

#12 도둑의 집 발견 노래

(수탉)
C
F
C
G
애 들 아 저 - 기 불 빛 이 보 여
우드블록
탬버린
트라이앵글

C F G
1. 숲 속 에 숲 속 에 집 이 있 나 봐
2. 랄 라 라 랄 라 라 신 나 는 일 야
우드블록
탬버린
트라이앵글
(당나귀, 사냥개, 고양이)
C F G C
정 – 말 가 보 자 불 빛 을 향 해
랄 라 라 랄 라 라 쉴 수 있 겠 지
우드블록
탬버린
트라이앵글
C G
이 집 은 이 집 은 도 – 둑 의 집
우드블록
탬버린
트라이앵글

C
G
C
금 은 보 석 맛 난 음 식 가 득 하 지 요
우드블록
탬버린
트라이앵글

#13 도둑의 노래

Dm
훔 친 보 석 훔 친 음 식 들 그 누 구 도 부 럽 지 않 아
우드블록
탬버린
트라이앵글

Dm
A
D7
우 리 는 도 둑 우 리 는 노 눅 신 나 게 놀 아 보 세
우드블록
탬버린
트라이앵글

#14 도둑 쫓는 노래 – 도둑 도망가는 노래

F C F
한 꺼 번 에 –
소 리 쳐 봐 –
히이잉 컹컹컹 이야옹 꼬끼오 야!
우드블록
탬버린
트라이앵글
(도둑)
Dm Dm
아이 고 깜 짝 이 야 저 게 뭐 – 지
아이 고 깜 짝 이 야 저 게 뭐 – 지
우드블록
탬버린
트라이앵글
Dm A Dm
어 서 빨 리 도 망 가
어 서 빨 리 도 망 가
걸 음 아 나 살 려 라
우드블록
탬버린
트라이앵글

#15 닫는 노래

C G C C
어 서 오 세요 브레멘음악대 신 나는모 – 험을 함께떠나요
우드블록
탬버린
트라이앵글
F C G B7 Em D
랄 라 랄 라 라 라 라 브레멘음 악 대 팡 파 라 팡 팡 팡 파 라 팡 팡
우드블록
탬버린
트라이앵글
C G C
당 나 귀 사 냥 개 수 탉 고 양 이 우 리 들 도 브레멘으 로 함 께 떠 나 요
우드블록
탬버린
트라이앵글

4. 거울을 처음 본 사람들(전래동화)

동화 줄거리

출처 : 거울을 처음 본 사람들 / 성현주 글 / 오윤희 그림 | 아이교육

처음으로 거울을 본 사람은 과연 어땠을까요? 거울도 몰랐던 그 옛날에 부부가 살았어요. 어느날 장에 가는 서방님에게 부인은 빗을 사달라고 했지요. 서방님이 혹시나 잊을까봐 부인은 혹시 생각이 안나면 저 하늘에 떠있는 달 모양의 물건이라는 것을 기억하라고 일러주었지요. 물론 이 무렵에는 반달이었답니다.

산넘고 물건너 장에 가던 서방님은 이 물건 저 물건 사느라 그만 부인이 사오라는 물건이 무엇인지 잊어버리고 말았어요. 다행히 달 모양이라고 했던 것이 생각나 물건 파는 주인에게 달 모양의 물건이 뭐가 있는지 물어보지요. 이 무렵은 보름달이어서 주인은 달처럼 둥근 거울을 주었답니다. 기분좋게 집에 돌아온 서방님에게서 물건을 받아든 부인은 왠 여자가 들어 있는 요상한 물건에 깜짝 놀랐어요. 할머니는 왠 할머니를 보고, 할아버지는 왠 할아버지를 보고 놀라 화를 내며 거울을 던져 버렸답니다.

주제망

동화 『거울을 처음 본 사람들』을 듣고 동화책의 내용을 주제망으로 구성해 본다.

T : 이 동화에는 누가 나왔니?

C : 서방님이랑 부인이요, 할머니랑 할아버지도 나와요, 물건 주인이요...

T : 그래서 무슨 일이 일어났지?

C : 거울을 처음 봐서 놀랐어요...

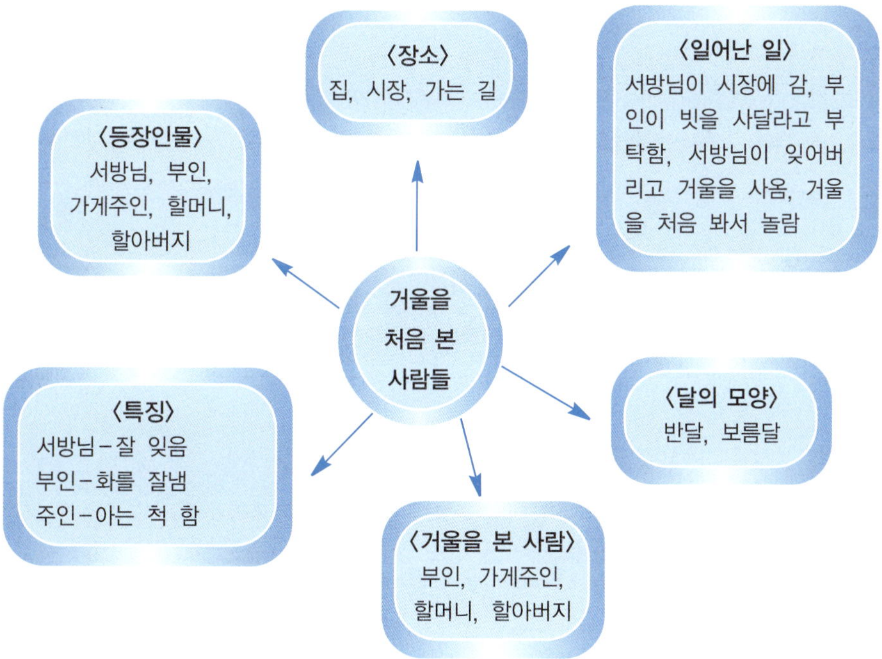

등장인물 분석

대그룹 혹은 소그룹 이야기 나누기를 통해 『거울을 처음 본 사람들』 동화의 등장인물들에 대한 분석을 한다.

T : 서방님은 어떤 사람인 것 같니?

C : 잘 잊어버려요, 부인 말을 잘 들어줘요…

T : 달이 어떻게 변해버렸어?

C : 반달이었다가 동그랗게 변했어요…

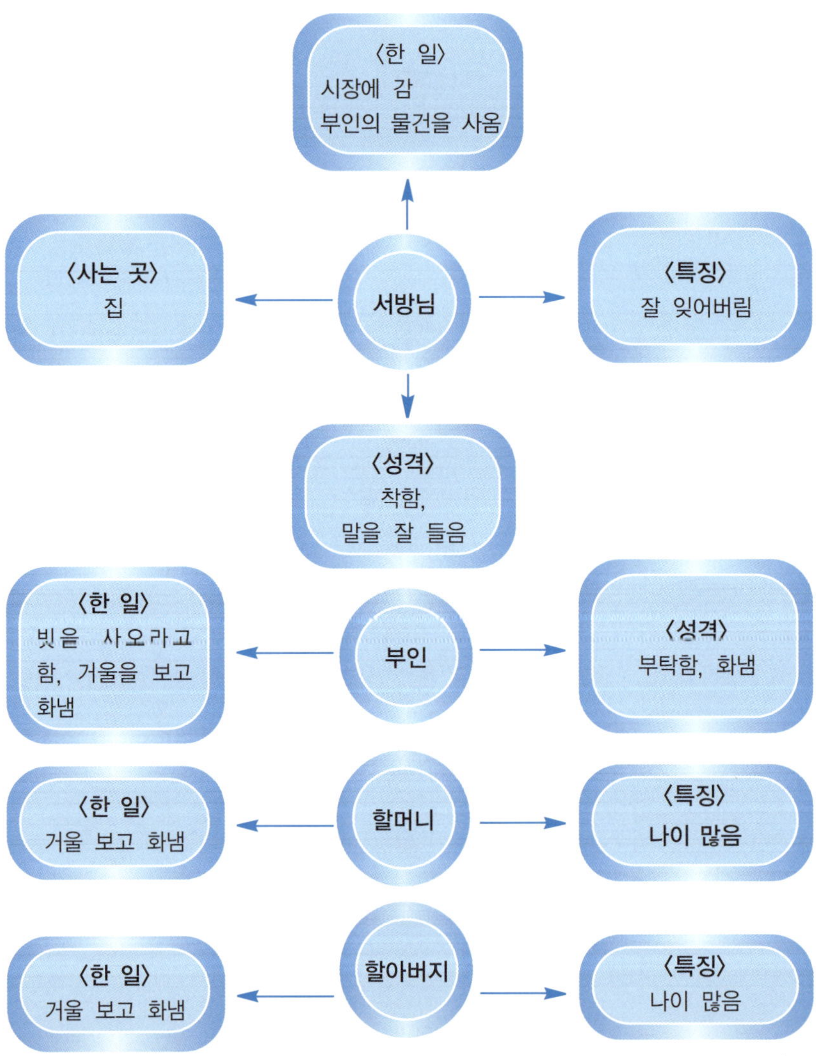

음악극본 거울을 처음 본 사람들 ▶ 김명정 요 · 곡

등장인물 : 서방님, 부인, 할머니, 할아버지, 가게주인

#1 여는 노래

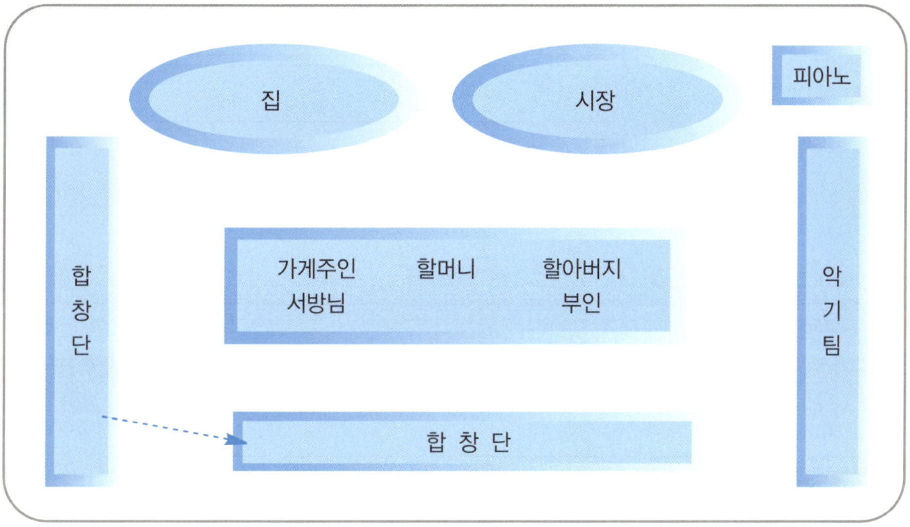

(반주가 시작되기 전 합창단은 무대 가운데에서 율동을 준비한다. 등장인물은 무대 뒤편에서 율동과 노래를 함께 한다)

#2 서방님-부인 대화 노래

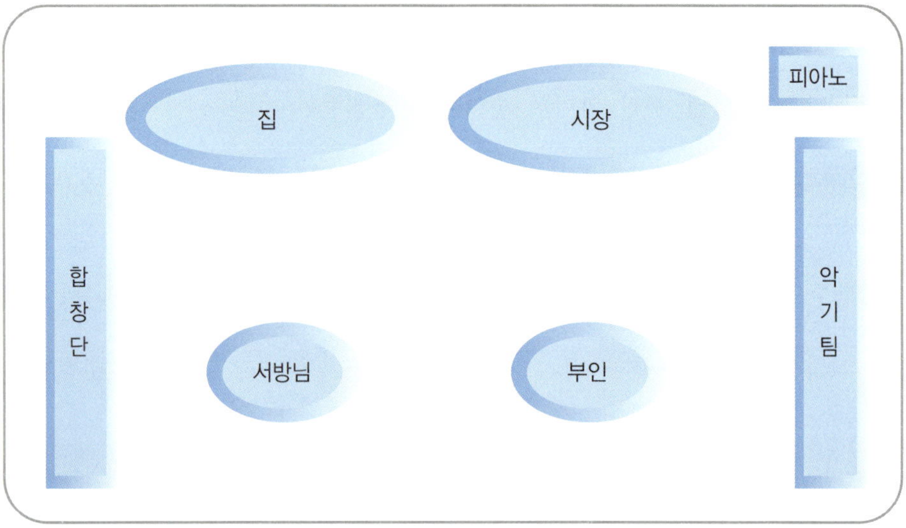

(반주가 시작되면 합창단은 자기 위치로, 할머니와 할아버지는 집 배경 뒤로, 가게주인은 시장배경 뒤로 들어간다. 서방님과 부인은 무대 가운데에 위치한 뒤 율동과 노래를 준비한다.)

(서방님)

(부인)

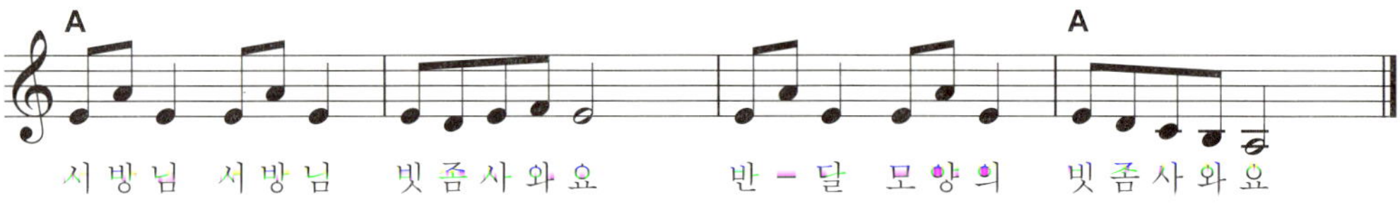

#3 장에 가는 서방님－합창

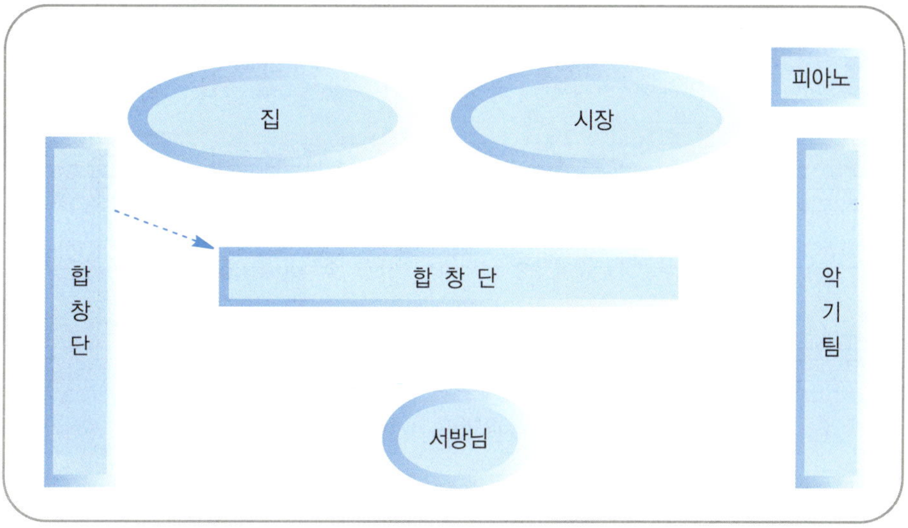

(반주가 시작되면 부인은 집 배경에서 뒤로 들어가고 서방님은 무대 가운데에서 제자리 걸음한다. 합창단은 무대 뒤로 나와 위치하고 노래한다.)

#4 외우며 가는 서방님

(반주가 시작되면 합창단은 제자리에 앉고 서방님만 율동하며 노래한다.)

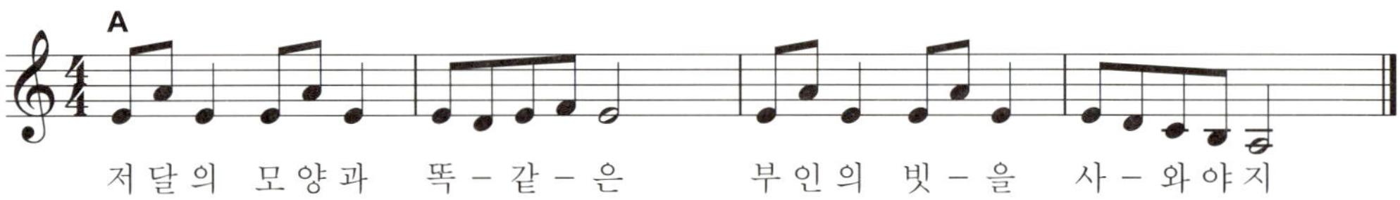

#5 장 보는 서방님–합창

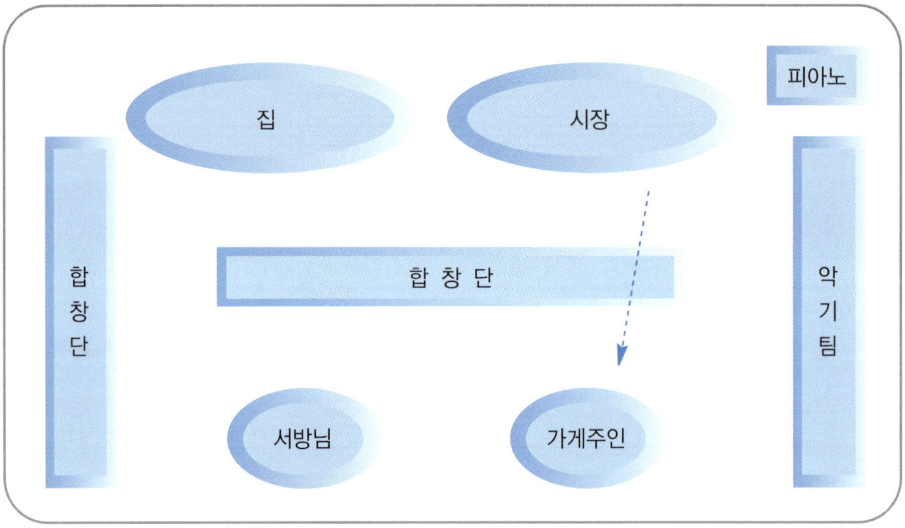

(반주가 시작되면 합창단은 제자리에 서고 가게주인은 시장 배경에서 무대 앞으로 나와 자리에 위치한다. 노래가 시작되면 서방님과 주인은 서로 물건을 보여주며 사고파는 흉내를 낸다.)

#6 잊어버린 서방님

(반주가 시작되면 합창단은 제자리에 들어가고 가게주인은 물건을 정리하며 서 있고 서방님은 고민하는 모습으로 율동하며 노래한다.)

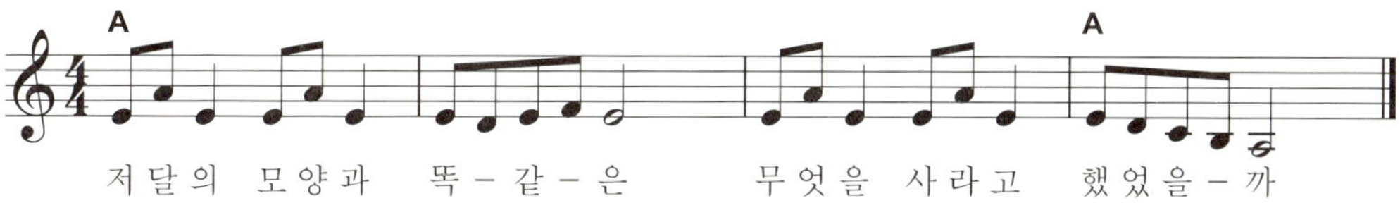

#7 달 모양 물건 사기

(반주가 시작되면 서방님과 가게주인은 서로 물건을 보여주며 사고파는 흉내를 낸다.)

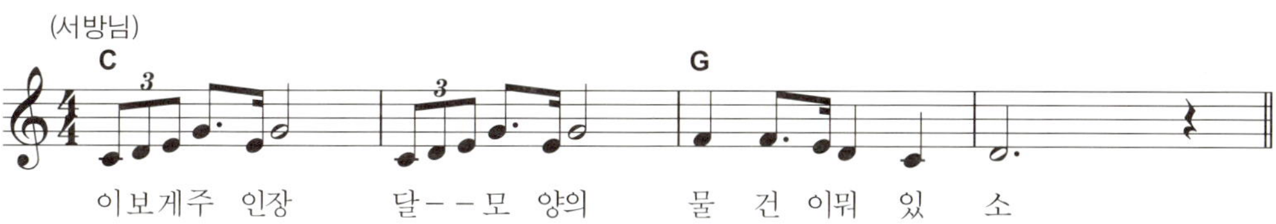

#8 집으로 가는 서방님–합창

(반주가 시작되면 합창단은 무대 뒤쪽으로 나와 서고 서방님은 제자리 걸음한다.)

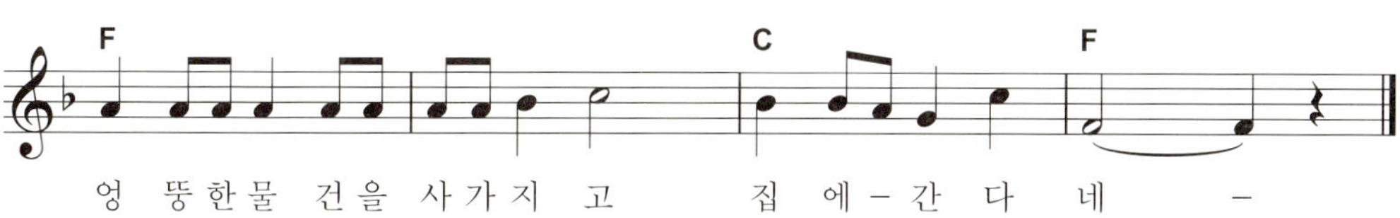

#9 서방님-부인, 할머니, 할아버지 대화

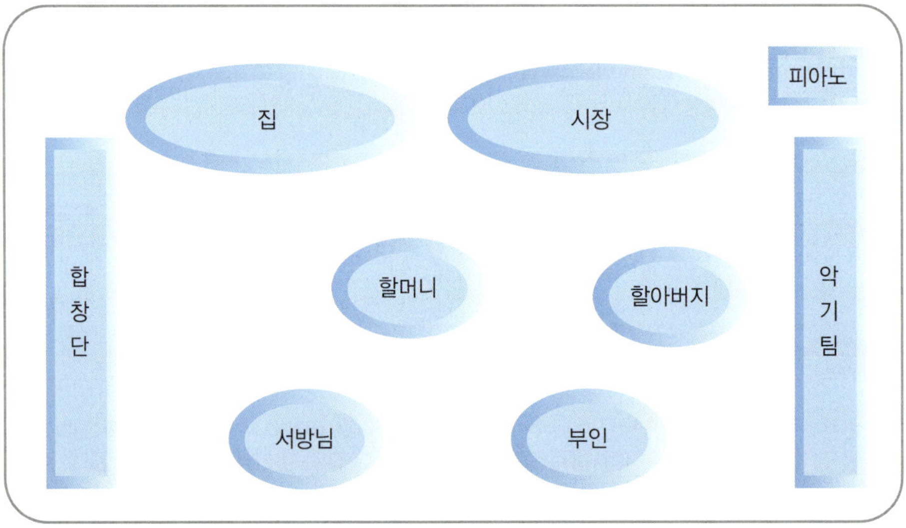

(반주가 시작되면 합창단은 자기 위치로, 가게주인은 시장배경 뒤로 들어간다. 서방님과 부인, 할머니, 할아버지는 무대 가운데에 위치한 뒤 율동과 노래를 준비한다.)

(서방님)

(부인)

(할머니)

(할아버지)

(거울을 던지며)

#10 쨍그랑 깨지는 거울-합창

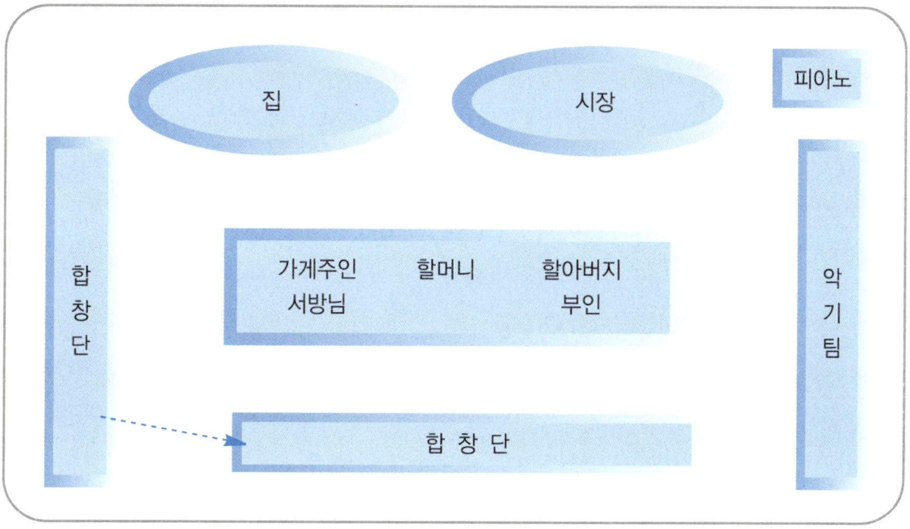

(반주가 시작되면 합창단은 무대 가운데에서 율동을 준비한다. 등장인물은 무대 뒤편에서 율동과 노래를 함께 한다)

#11 닫는 노래

(반주가 시작되면 합창단은 무대 가운데에서 율동을 준비한다. 등장인물은 무대 뒤편에서 율동과 노래를 함께한다)

리듬악보 거울을 처음 본 사람들

#1 여는 노래

C
F
어 떤 일 있 었 을 까 –
우드블록
탬버린
트라이앵글

#2 서방님 – 부인 대화 노래

(서방님)
A
A
시 장 에 시 장 에 다 녀 오 겠 소 시 장 에 시 장 에 다 녀 오 겠 소
우드블록
탬버린
트라이앵글

(부인)
A
A
서 방 님 서 방 님 빗 좀 사 와 요 반 – 달 모 양 의 빗 좀 사 와 요
우드블록
탬버린
트라이앵글

#3 장에 가는 서방님 – 합창

#4 외우며 가는 서방님

#5 장 보는 서방님-합창

#6 잊어버린 서방님

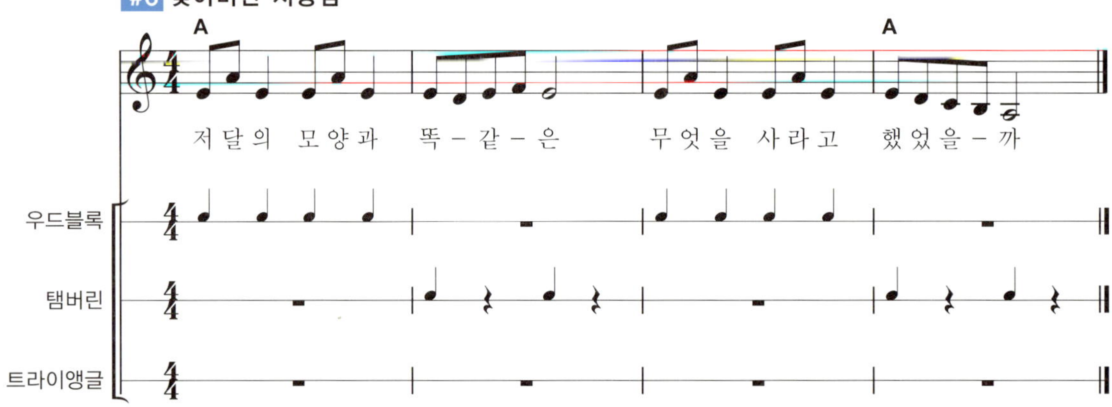

#7 달 모양 물건 사기

#8 집으로 가는 서방님–합창

#9 서방님-부인, 할머니, 할아버지 대화

#10 쨍그랑 깨지는 거울-합창

F
C
거 울도모 르던 옛날이야기 재 밌게들으셨 나 요
우드블록
탬버린
트라이앵글

#11 닫는 노래

F
귀 - 기 울 여 들 어 봐 요
우드블록
탬버린
트라이앵글

C
F
옛 날 옛 날 이 야 기 를
우드블록
탬버린
트라이앵글

F
거 울 도 몰 랐 던 그 옛 날 에
우드블록
탬버린
트라이앵글
C
F
이 런 일 있 었 대 요 –
우드블록
탬버린
트라이앵글

Part 2 실제 : 6세

1. 나무늘보야 헤엄쳐(창작동화)
2. 집을 팝니다 (창작동화)
3. 내 귀는 짝짝이(창작동화)

1. 나무늘보야 헤엄쳐(창작동화)

동화 줄거리

출처 : 나무늘보야 헤엄쳐
앤 털분 글 /
에마 치세스터 클락 그림 /
이명희 역 |
마루벌

"주륵주륵 주륵주륵" 하늘에 구멍이라도 났는지 밤낮 없이 비만 내려요.

노아 할아버지는 불어나는 홍수로 땅이 다 잠겨버리기 전에 동물들을 방주에 태우고 있어요. 그런데 저 멀리 나무끝에 누군가가 매달려 있어요. 누구지? 앗! 나무늘보예요.

"나무늘보야!" 배에 탄 동물들이 커다란 소리로 불러보지만 '느릿느릿' 나무늘보는 "내일"이라는 말밖에 안해요. 점점 물이 차올라 정말 위험해지는 데…

그때였어요. 코끼리가 긴 코를 주–욱 내밀어 마침내 나무늘보를 구해내었답니다.

주제망

동화 『나무늘보야 헤엄쳐』를 듣고 동화책의 내용을 주제망으로 구성해 본다.

T : 『나무늘보야 헤엄쳐』 동화에는 누가 나왔니?

C : 나무늘보요, 노아 할아버지도 나왔어요.

T : 그래서 무슨 일이 일어났지?

C : 비가 많이 왔어요, 그런데 나무늘보는 계속 잠만 잤어요.

나무늘보야 헤엄쳐

〈등장인물〉
나무늘보
노아 할아버지
코끼리
다른 동물들

〈특징〉
나무늘보–잠만 잠
노아 할아버지–부지런함
만들기 좋아함
동물들–잘 달림

〈장소〉
나무늘보의 나무
노아의 방주

〈일어난 일〉
비가 많이 내림
동물들이 도망감
나무늘보 잠만 잠
나무늘보를 구해냄

등장인물 분석

대그룹 혹은 소그룹 이야기 나누기를 통해 『나무늘보야 헤엄쳐』 동화의 등장인물들에 대한 분석을 한다.

T : 나무 늘보의 특징은 무엇일까?

C : 계속 자는 거예요, 느리게 움직여요

T : 다른 동물들 중에서 코끼리는 어떤 일을 했니?

C : 코끼리는 코가 길잖아요, 그래서 나무늘보를 구할 수 있었어요.

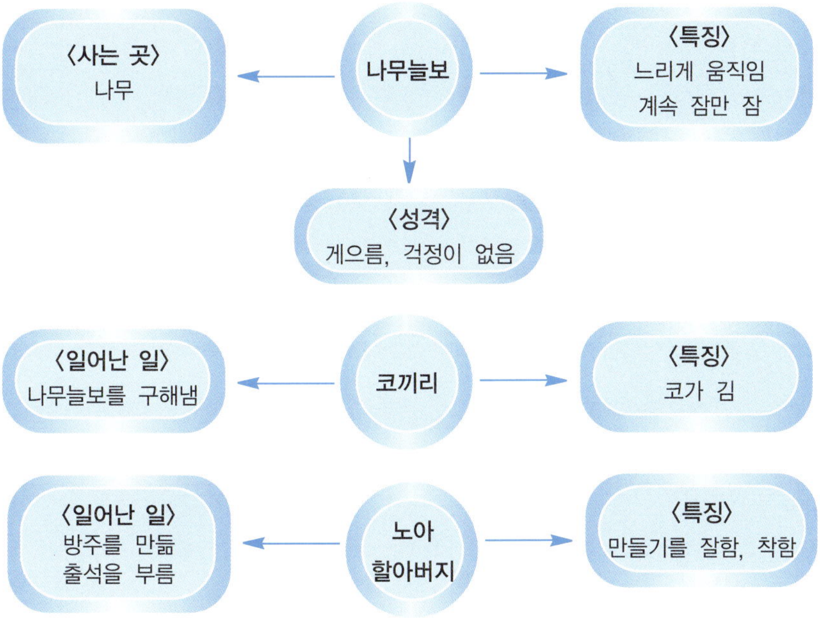

음악극본 나무늘보야 헤엄쳐

▶ 김명정 요 · 곡

등장인물 : 나무늘보, 동물들(코끼리, 원숭이, 기린, 독수리 등), 노아 할아버지

#1 여는 노래

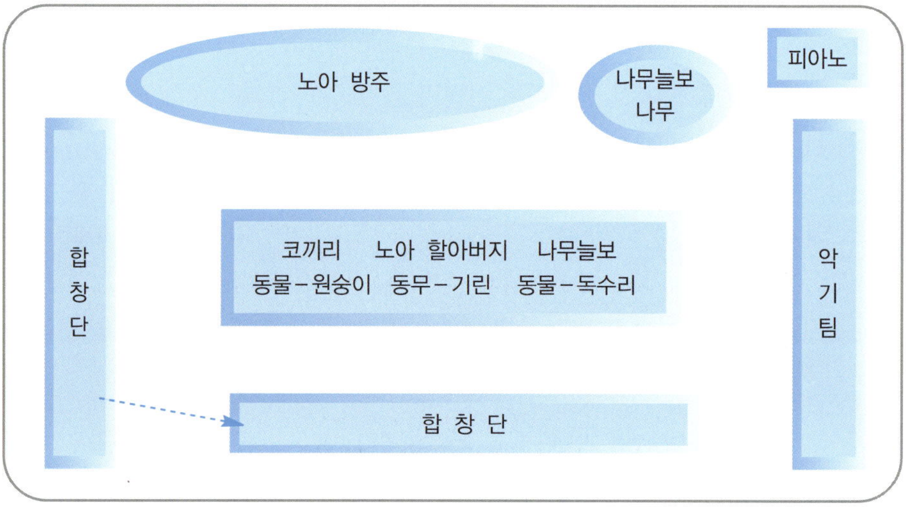

(반주가 시작되기 전 합창단은 무대 가운데에서 율동을 준비한다. 등장인물은 무대 뒤편에서 율동과 노래를 함께 한다)

(여는 노래가 끝나고 다음 노래의 반주가 시작되면 합창단은 자리로 돌아가고 노아 할아버지는 방주 뒤로, 나무늘보는 나무에 가서 매달린다. 동물들은 무대 중앙에 위치한다)

#2 홍수 노래

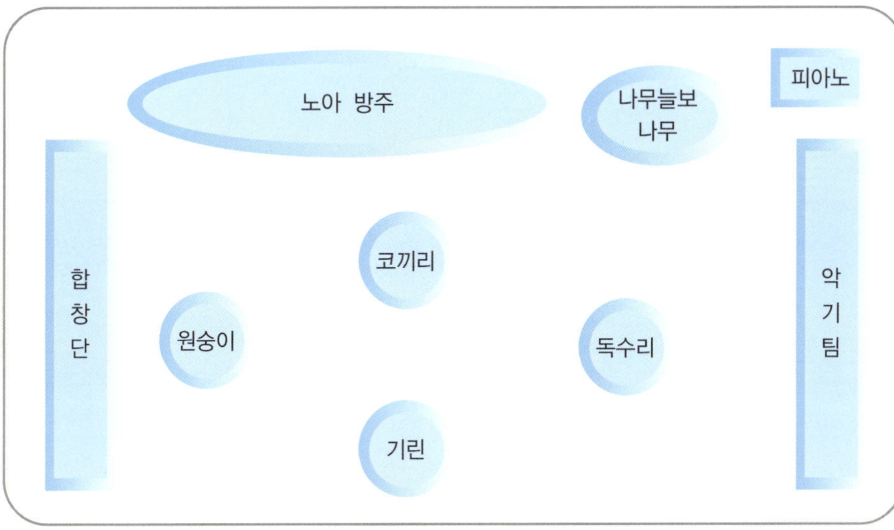

#3 동물 대피 노래

(무대배치는 #2와 동일하므로 율동을 좀 더 동적으로 구성하도록 한다.)

#4 노아 출석 체크 노래

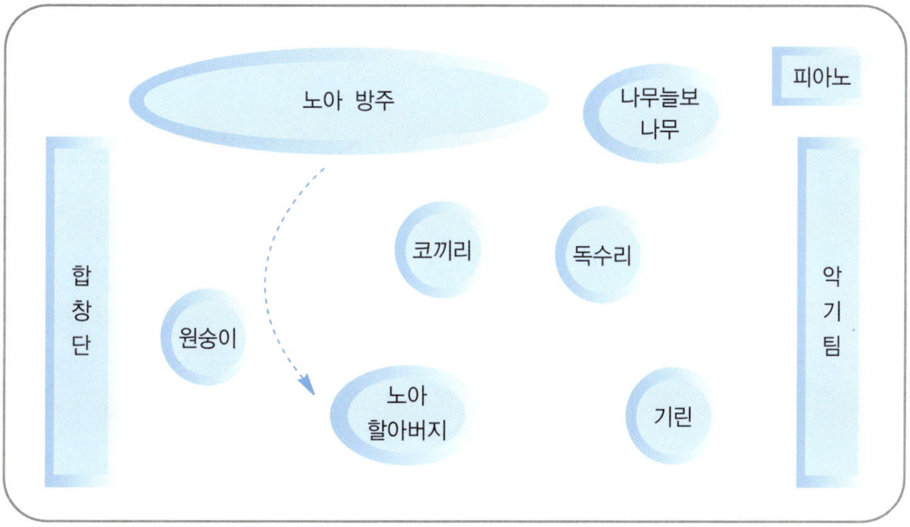

(반주가 시작되면 노아 할아버지 무대 중앙으로 나와 서고 동물들은 각각의 자리에 앉도록 한다. 나무늘보는 계속 나무에 매달려 있는다. 동물들은 '네' 부분에서 일어났다가 앉는다.)

#5 나무늘보 깨우는 노래

(반주가 시작되면 나무늘보 역할을 맡은 유아는 나무를 무대 앞쪽으로 옮긴 뒤 다시 나무에 매달린다)

#6 나무늘보 내일 노래

(나무늘보는 나무에 매달려 느리게 노래한다. 다른 동물들은 지켜본다)

#7 코끼리의 구조(피아노 반주음악)

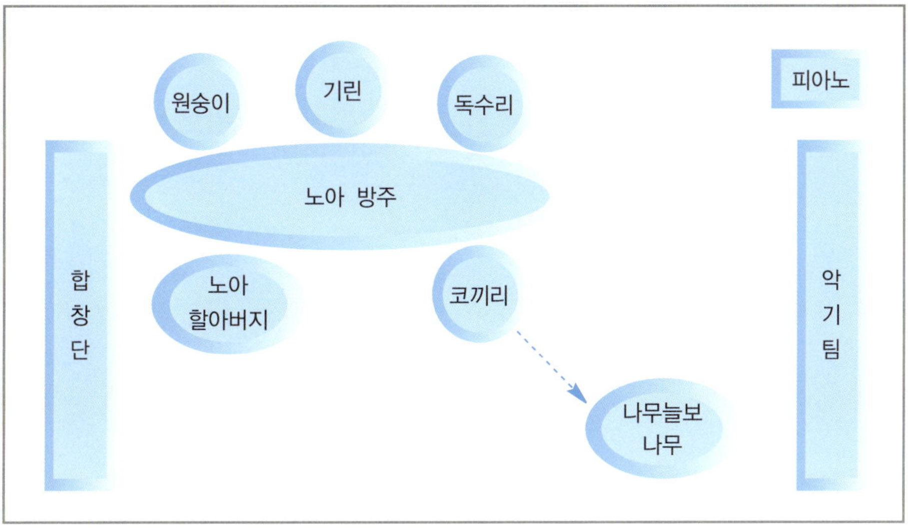

(반주가 시작되면 동물들과 노아 할아버지는 방주에 탑승한다. 코끼리는 가장자리에 탑승하여 나무늘보쪽으로 몸을 굽힐 수 있도록 한다. 나무늘보는 손을 서서히 내민다)

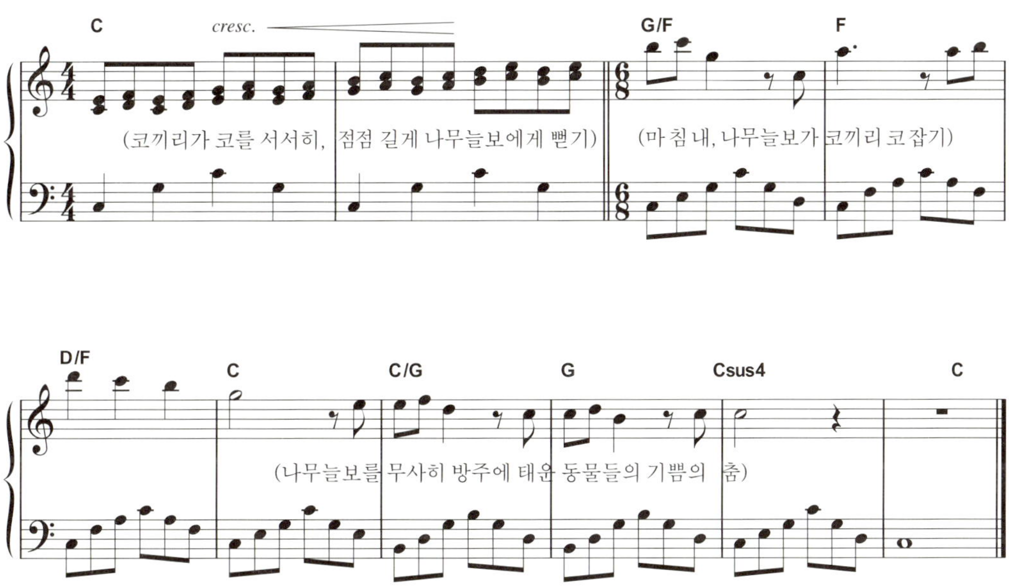

#8 출발의 노래

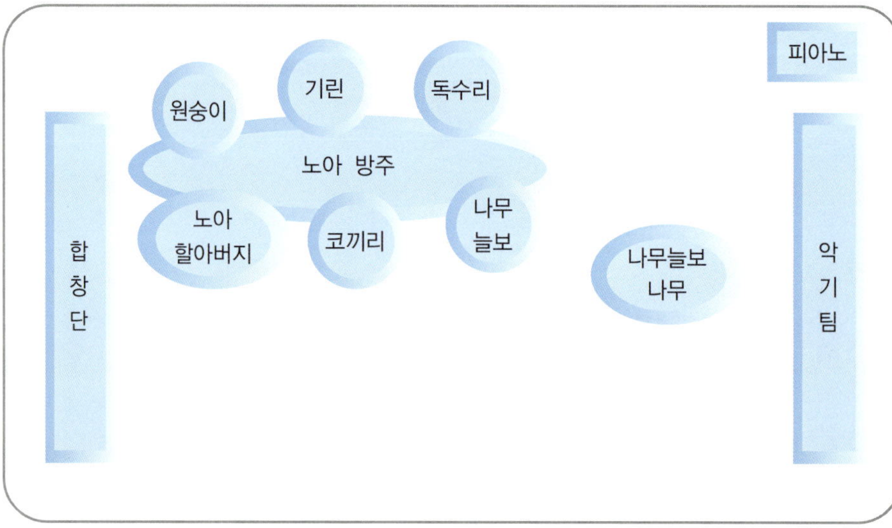

(나무늘보까지 방주에 탑승하여 노래한다. 방주에 타는 설정은 낮은 단을 올라서는 정도로 연출하고 이 부분의 노래는 약간씩만 좌우로 움직이며 노래한다.)

#9 닫는 노래

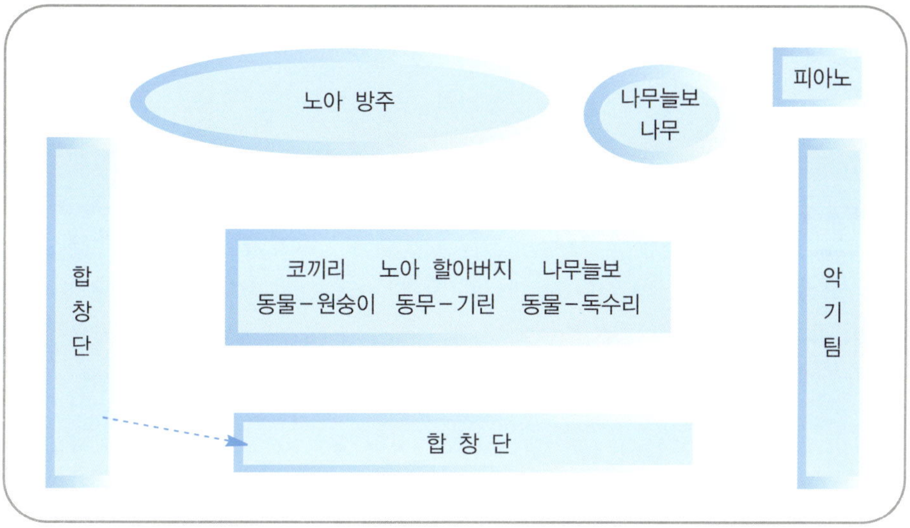

(반주가 시작되기 전 합창단은 무대 가운데에서 율동을 준비한다. 등장인물은 무대 뒤편에서 율동과 노래를 함께 한다)

리듬악보 나무늘보야 헤엄쳐

#1 여는 노래

F E C#/A D G C
친 구 나 무 늘 보 나 무 늘 보 야 헤 엄 쳐
우드블록
탬버린
트라이앵글

#2 홍수 노래

C C/E F C/E D F# G G7/B
비 가 쏟 아 진 다 비 가 쏟 아 져 하 늘 에 구 멍 이 났 나 봐
우드블록
탬버린
트라이앵글
C C/E F C/E D G C
어 서 대 피 하 자 노 아 방 주 로 물 이 차 오 르 기 전 에
우드블록
탬버린
트라이앵글

#3 동물 대피 노래

C C/E G G/B C
방 주 안 에 모 두 들 어 가 들 어 가 들 어 가
우드블록
탬버린
트라이앵글
C C/E G G/B C (C7) Fine
방 주 안 에 모 두 들 어 가 들 어 가 들 어 가
우드블록
탬버린
트라이앵글
F E D C E D F♯ G G7
쿵 쾅 쿵 쾅 코 끼 리 도 재 주 많 은 원 숭 이 – 도
우드블록
탬버린
트라이앵글

E D C E D F♯ G G7 D.S.
목 이 긴 – 기 – 린 도 훨 훨 나 는 독 수 리 – 도
우드블록
탬버린
트라이앵글

#4 노아 출석 체크 노래

B♭ E♭ F B♭
코 끼 리 왔 니 (네!) 원 숭 이 왔 니 (네!) 기 린 이 랑 독 수 리 왔 니 (네!)
우드블록
탬버린
트라이앵글

B♭ E♭ F B♭
그 런 데 나 무 늘 보 는 왜 아 직 안 왔 니 (큰일났네!)
우드블록
탬버린
트라이앵글

#5 나무늘보 깨우는 노래

C G C G C G C G G F E D
쿨 쿨 쿨 쿨 쿨 쿨 쿨 쿨 쿨 쿨 쿨 쿨
우드블록
탬버린
트라이앵글
C C/E G G C
나 무늘 보야 헤 엄 – 쳐 물 이 – 차 온 다
우드블록
탬버린
트라이앵글
C C/E G G7 C
나 무늘 보야 헤 엄 – 쳐 너 무 늦 기 전 에
우드블록
탬버린
트라이앵글

#6 나무늘보 내일 노래

#7 코끼리의 구조(피아노 반주음악)

#8 출발의 노래

#9 닫는 노래

C C C/E F G C C7
우리친구 느릿느릿 나무늘보 드디어 구 해 냈 - - 어 - 요 - 함께
우드블록
탬버린
트라이앵글
F E C♯/A D G C D E C/E
가요 나무늘 보 함께가 요 나무늘 보 우리
우드블록
탬버린
트라이앵글
F E C♯/A D G C
친구 나무늘 보 나무늘 보 야 헤 엄 쳐
우드블록
탬버린
트라이앵글

2. 집을 팝니다(창작동화)

동화 줄거리

출처 : 집을 팝니다
알퐁스 도데/

한집에서 오래 살았던 바둑이는 집을 팔기로 했어요. 그래서 집 앞에 '집을 팝니다'라는 팻말을 붙였습니다. 다음날 아랫마을 불독 아저씨가 구경하러 왔다가는 집이 더럽다며 페인트칠을 다시 해야 한다고 투덜거리며 돌아갔습니다. 바둑이는 얼른 페인트칠을 다시 했지요. 다음날 윗마을 흰둥이 아저씨가 집을 구경하려 왔다가 창문이 없다며 아쉬워하며 돌아갔어요. 바둑이는 망치와 톱을 가져다가 창문을 만들었지요. 다음날은 두 마리의 강아지를 가진 부부가 집을 보러 왔다가 꽃밭이 없다며 돌아가버렸어요. 강아지 부부가 돌아가자마자 바둑이는 얼른 꽃을 사다가 정원을 만들었어요. 다음날 아랫마을에 사는 할머니와 셰퍼드 아저씨가 집을 보러 왔다가는 울타리가 없다며 가버렸지요. 바둑이는 나무를 가져다가 집 주변에 울타리를 쳤어요, 다음날 동네 사람들이 모두 바둑이네 집으로 왔어요. 다들 집을 사겠다고 난리였지요. 바둑이는 집 주위를 천천히 둘러보고는 자기 집이 제일 좋다며 집을 팔지 않기로 했답니다.

주제망

동화 『집을 팝니다』를 듣고 동화책의 내용을 주제망으로 구성해 본다.

T : 『집을 팝니다』 동화에는 누가 나왔니?

C : 바둑이요, 아랫마을에 사는 불독이요!, 강아지 부부도 왔어요.

T : 그래서 무슨 일이 일어났지?

C : 처음에는 다 집을 안 산다고 했어요. 예쁘지 않다고!

C2 : 그런데 바둑이가 집을 하나씩, 점점 예쁘게 고쳤어요.

C3 : 나중에는 모두 몰려와서 집을 사고 싶어했어요.

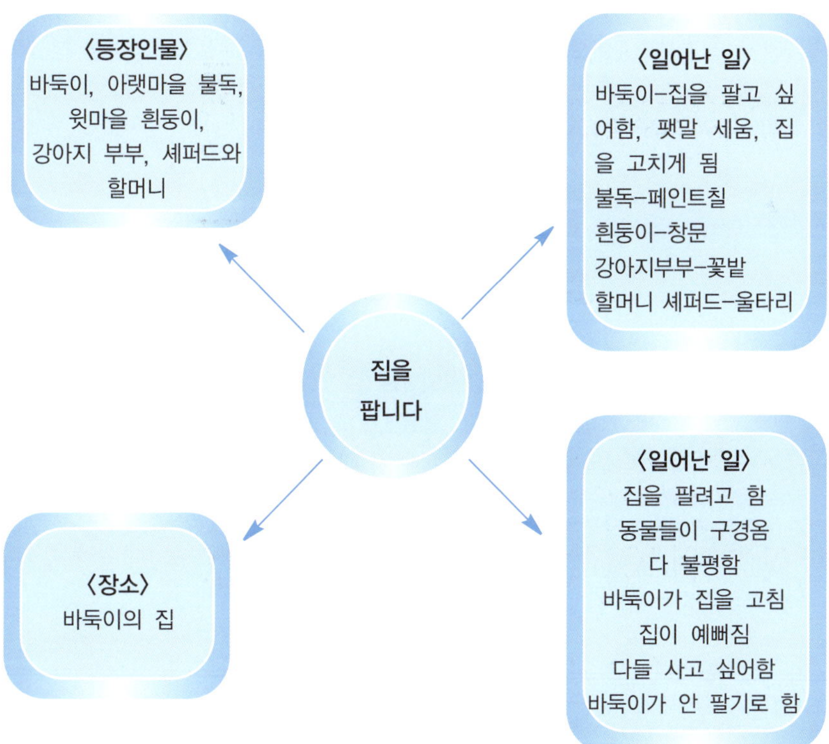

등장인물 분석

대그룹 혹은 소그룹 이야기 나누기를 통해 『집을 팝니다』 동화의 등장인물들에 대한 분석을 한다.

T : 바둑이의 특징은 무엇일까?

C : 집을 팔려고 해요, 자기 집이 예쁜지 모르고…

T : 불독은 뭐라고 불평했니?

C : 집이 더럽다고! 페인트 칠을 해야 한다고 투덜거렸어요.

바둑이
- 〈사는 곳〉 집
- 〈특징〉 집을 팔려고 함 집을 고침
- 〈성격〉 처음엔 만족을 못함 집을 고침, 집을 좋아함

아랫마을 불독
- 〈일어난 일〉 집을 구경하러 옴
- 〈특징〉 더럽다고 투덜거림

윗마을 흰둥이
- 〈일어난 일〉 집을 구경하러 옴
- 〈특징〉 창문이 없다고 아쉬워함

강아지 부부
- 〈일어난 일〉 강아지 두 마리를 데리고 집을 구경 옴
- 〈특징〉 꽃밭이 없다고 말함

할머니와 셰퍼드
- 〈일어난 일〉 집을 구경하러 옴
- 〈특징〉 울타리가 없다고 아쉬워함

음악극본 집을 팝니다

▶ 장은희 요 · 곡

등장인물 : 바둑이, 불독, 흰둥이, 강아지 부부, 할머니와 셰퍼드

#1 여는 노래

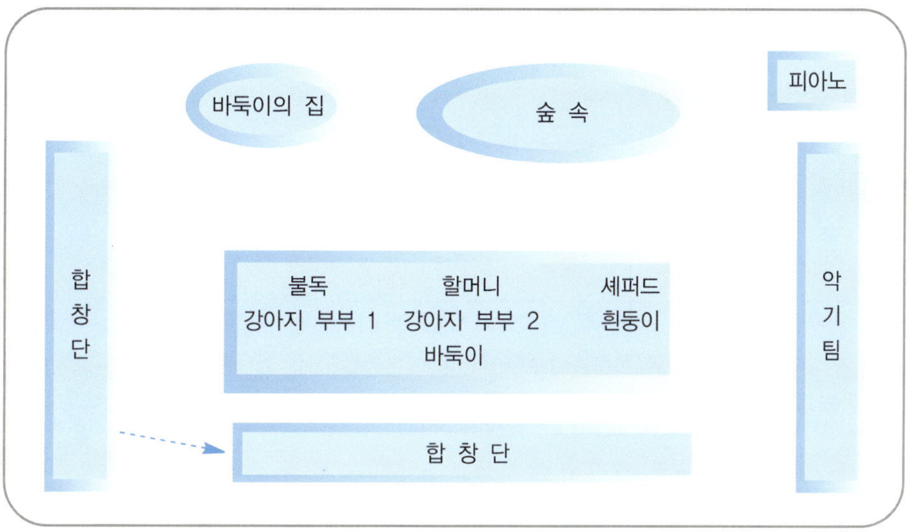

(반주가 시작되기 전 합창단은 무대 가운데에서 율동을 준비한다. 등장인물은 무대 뒤편에서 율동과 노래를 함께 한다)

#2 바둑이 집 파는 노래

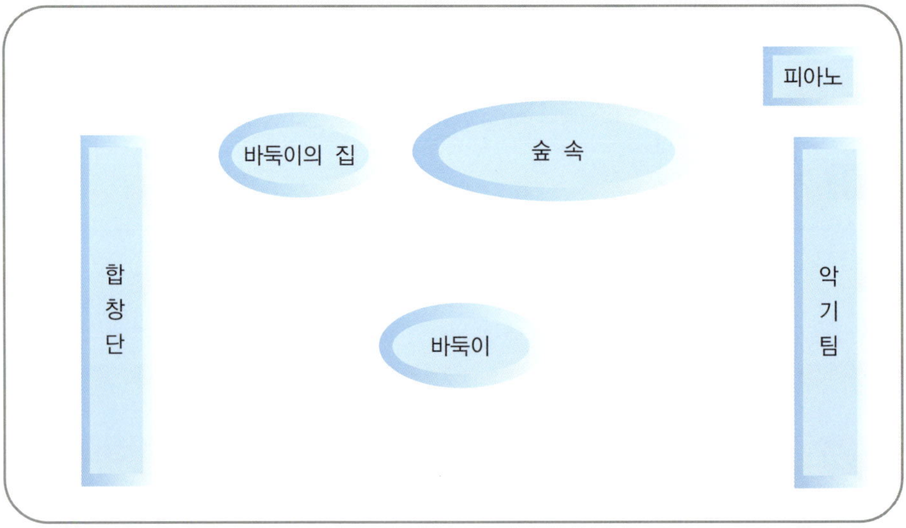

(반주가 시작되면 합창단은 합창단 자리로, 나머지 동물들은 숲 속 배경 뒤편으로 들어간다. 바둑이는 무대 중앙에 위치하고 노래를 준비한다)

#3 바둑이–불독 대화 노래

(반주가 시작되면 불독은 숲 속 뒤에서 나와 무대 중앙에 위치한다)

#4 바둑이 집 고치는 노래–페인트

(반주가 시작되면 불독은 숲 속 뒤로 들어가고 바둑이는 무대 중앙에 위치한 뒤 페인트 노래를 준비한다)

#5 바둑이–흰둥이 대화 노래

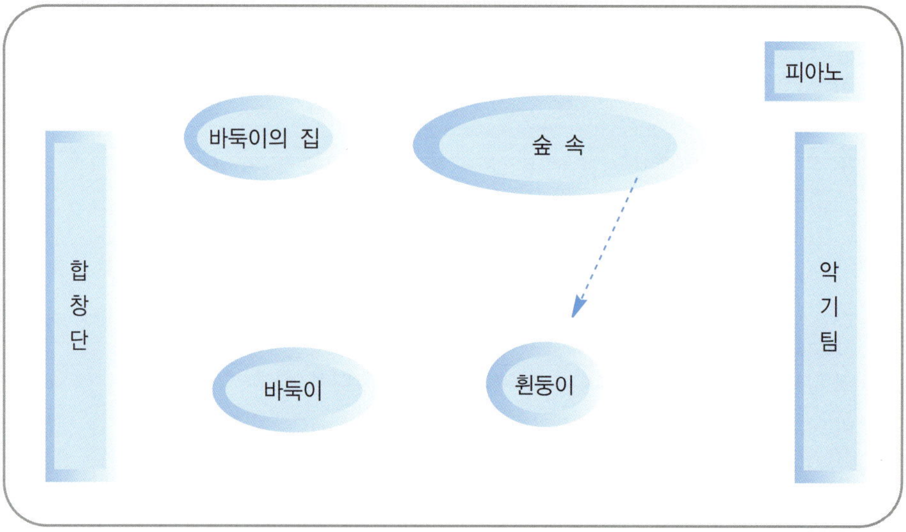

(반주가 시작되면 흰둥이는 숲 속 뒤에서 나와 무대 중앙에 위치한다)

(흰둥이가 집 앞을 지나간다.) (바둑이는 흰둥이에게 다가가며 노래를 부른다)

#6 바둑이 집 고치는 노래–창문

(빈주가 시작되면 흰둥이는 숲 속 뒤로 들어가고 바둑이는 무대 중잉에 위치한 뒤 페인트 노래를 준비한다)

(집 모형을 중심으로 톱질하는 동작을 하며 노래를 부른다)

#7 바둑이-강아지 부부 대화 노래

(반주가 시작되면 강아지 부부는 숲 속 뒤에서 나와 무대 중앙에 위치한다)

(강아지 부부가 집 앞을 지나간다) (바둑이가 셰퍼드에게 다가가며 노래를 부른다)

#8 바둑이 집 고치는 노래-꽃밭

(반주가 시작되면 강아지 부부는 숲 속 뒤로 들어가고 바둑이는 무대 중앙에 위치한 뒤 페인트 노래를 준비한다)

(집 모형을 중심으로 돌면서 모형 꽃을 여기 저기에 놓으며 노래를 부른다)

#9 바둑이-할머니와 셰퍼드 대화 노래

(반주가 시작되면 할머니와 셰퍼드는 숲 속 뒤에서 나와 무대 중앙에 위치한다)

(셰퍼드가 지나간다) (바둑이는 셰퍼드에게 다가서며 노래를 부른다)

#10 바둑이 집 고치는 노래-울타리

(반주가 시작되면 할머니와 셰퍼드는 숲 속 뒤로 들어가고 바둑이는 무대 중앙에 위치한 뒤 페인트 노래를 준비한다)

(집 모형을 중심으로 울타리를 놓으며 노래를 부른다)

#11 바둑이 집 파는 노래

(반주가 시작되면 바둑이는 무대 중앙에 위치하고 노래한다)

#12 집 구경 노래

(반주가 시작되면 바둑이는 무대 중앙에, 나머지는 자기 위치로 나와서 선 뒤 율동을 준비한다. 노래 시 자기 부분에서는 한발짝 앞으로 나와 바둑이 옆에 와서 노래한 뒤 자기 차례가 끝나면 뒤쪽 자기 자리로 들어간다)

(불독, 흰둥이, 강아지 부부, 셰퍼드가 함께 등장한다)

#13 모두들 이 집을 산다는 노래

(반주가 시작되면 바둑이는 무대 중앙에 위치한다.)

#14 닫는 노래

(반주가 시작되기 전 합창단은 무대 가운데에서 율동을 준비한다. 등장인물은 무대 뒤편에서 율동과 노래를 함께 한다)

리듬악보 집을 팝니다

#1 여는 노래

#2 바둑이 집 파는 노래

C F C B Am
여 러 분 우 리 집 을 팝 니 다
우드블록
탬버린
트라이앵글
G C G
이 곳 에 서 행 복 했 죠
우드블록
탬버린
트라이앵글
C F G C
정 든 집 어 서 어 서 구 경 오 세 요
우드블록
탬버린
트라이앵글

#3 바둑이 – 불독 대화 노래

#4 바둑이 집 고치는 노래 – 페인트

#5 바둑이 – 흰둥이 대화 노래

#6 바둑이 집 고치는 노래 – 창문

#7 바둑이 – 강아지 부부 대화 노래

#8 바둑이 집 고치는 노래 – 꽃밭

#9 바둑이 – 할머니와 셰퍼드 대화 노래

#10 바둑이 집 고치는 노래 – 울타리

#11 **바둑이 집 파는 노래**

(바둑이)

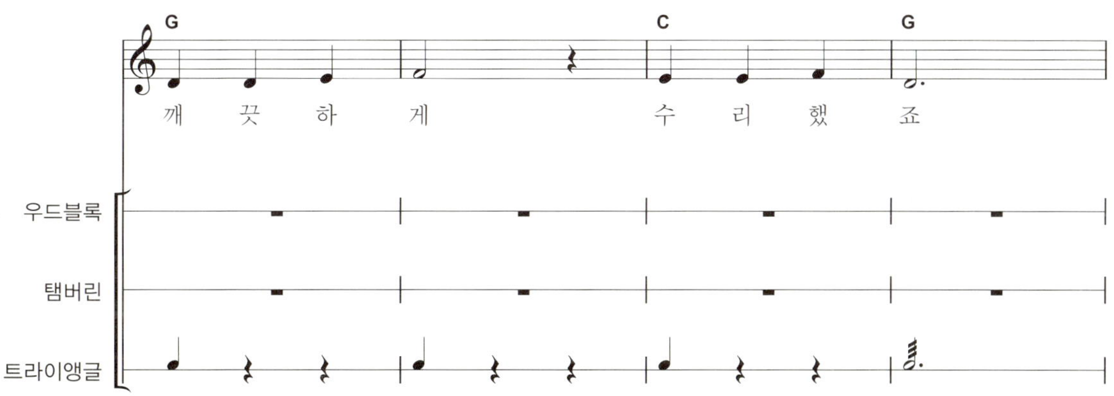

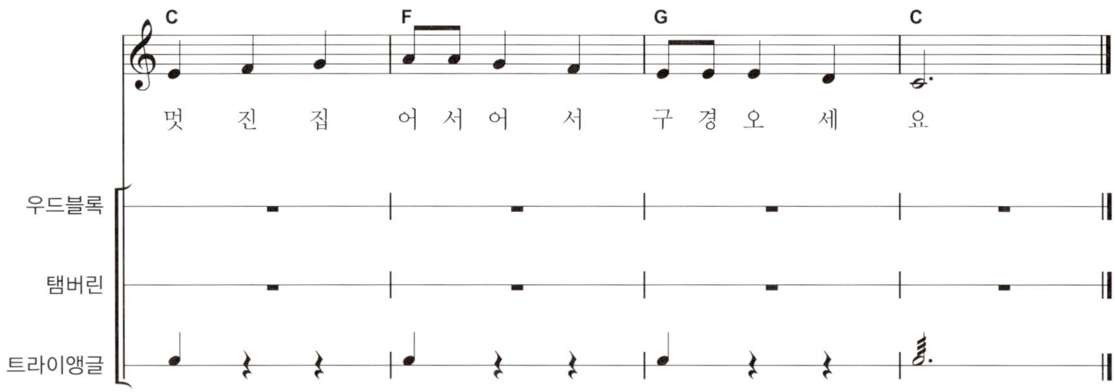
C F G C
멋 진 집 어 서 어 서 구 경 오 세 요
우드블록
탬버린
트라이앵글

#12 집 구경 노래

(불독)
C F C F C
예 쁜 집 이 되 었 군 요 내 가 이 – 집 을 사 – 겠 어 요
우드블록
탬버린
트라이앵글

(흰둥이)
C F C F C
근 사 한 집 되 었 군 요 내 가 이 – 집 을 사 – 겠 어 요
우드블록
탬버린
트라이앵글

#13 모두들 이 집을 산다는 노래

#14 닫는 노래

(합창단이나 전체 유아가 함께 부른다)

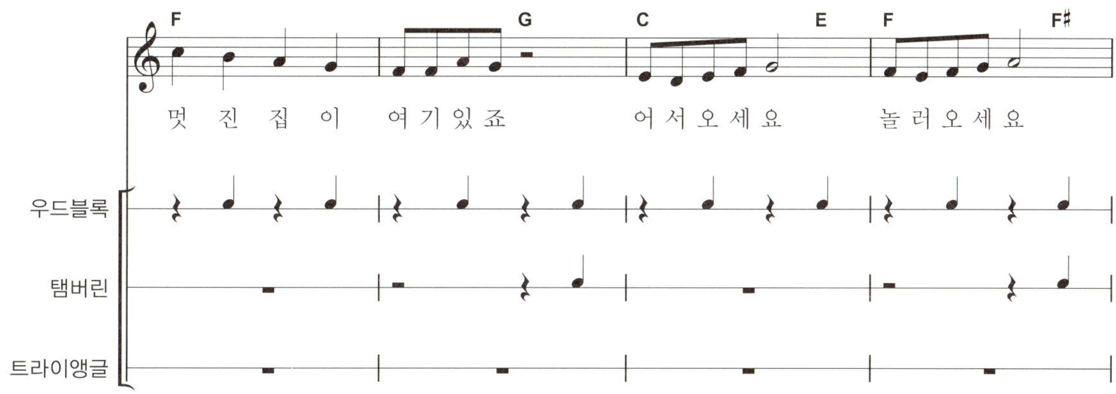
F G C E F F♯
멋 진 집 이 여 기 있 죠 어 서 오 세 요 놀 러 오 세 요
우드블록
탬버린
트라이앵글

G C G G C
튼 튼 하 고 멋 진 집 사 랑 가 득 해 짠 우 리 우 리 모 두 다 행 복 해 요 야!
우드블록
탬버린
트라이앵글

3. 내 귀는 짝짝이(창작동화)

동화 줄거리

출처 : 내 귀는 짝짝이
히도 반 헤네흐텐 지음 / 장미란 옮김 | 웅진주니어

토끼 리키는 한쪽 귀가 아래로 축 늘어져 있어요. 그래서 두 귀가 위쪽으로 쭉 뻗어 있는 다른 토끼들로부터 놀림감이 되지요.

쭉 뻗은 귀가 갖고 싶은 리키는 나무에 거꾸로 매달려 보기도 하고 당근을 귓속에 넣어 보기도 해요.

궁리 끝에 의사선생님을 찾아간 리키. 의사선생님은 리키의 귀가 정상이며 모든 귀는 다 다르다고 말해 주시지요.

의사선생님의 말을 곰곰이 생각한 리키는 자신감을 얻고 친구들과 친해지게 되었답니다.

주제망

동화 『내 귀는 짝짝이』를 듣고 동화책의 내용을 통해 주제망으로 구성해 본다.

T : 『내 귀는 짝짝이』에는 누가 나왔니?

C : 리키요, 친구들도 나와요, 의사선생님도...

T : 그래서 무슨 일이 일어났지?

C : 리키는 한쪽 귀가 늘어져 있어서 다른 친구들이 놀려요...

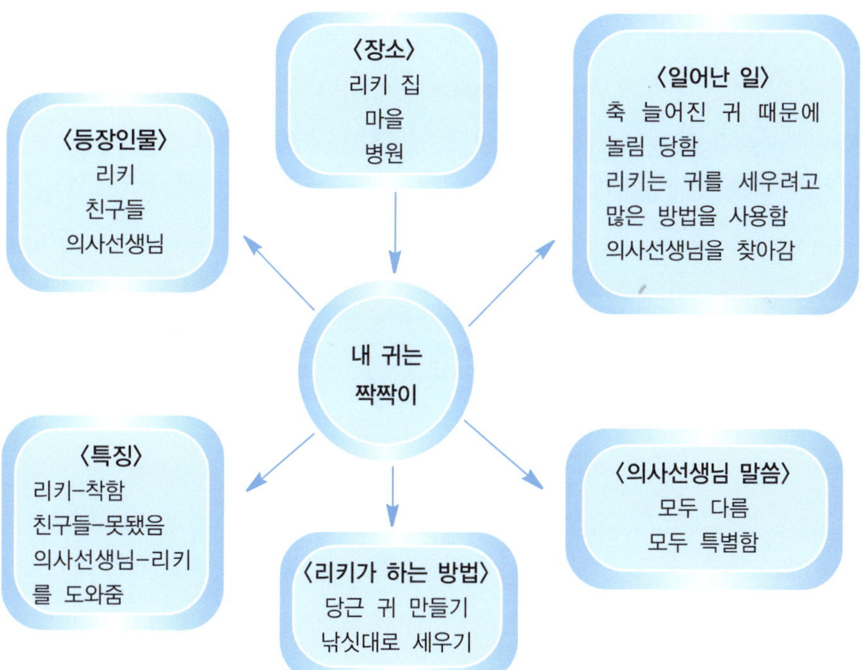

등장인물 분석

대그룹 혹은 소그룹 이야기 나누기를 통해 『내 귀는 짝짝이』 동화의 등장인물들에 대한 분석을 한다.

T : 리키의 특징은 무엇일까?

C : 한쪽 귀가 늘어져 있어요

T : 의사선생님은 리키에게 뭐라고 하시니?

C : 모두 다 다르다고, 모두 다 특별하다고…

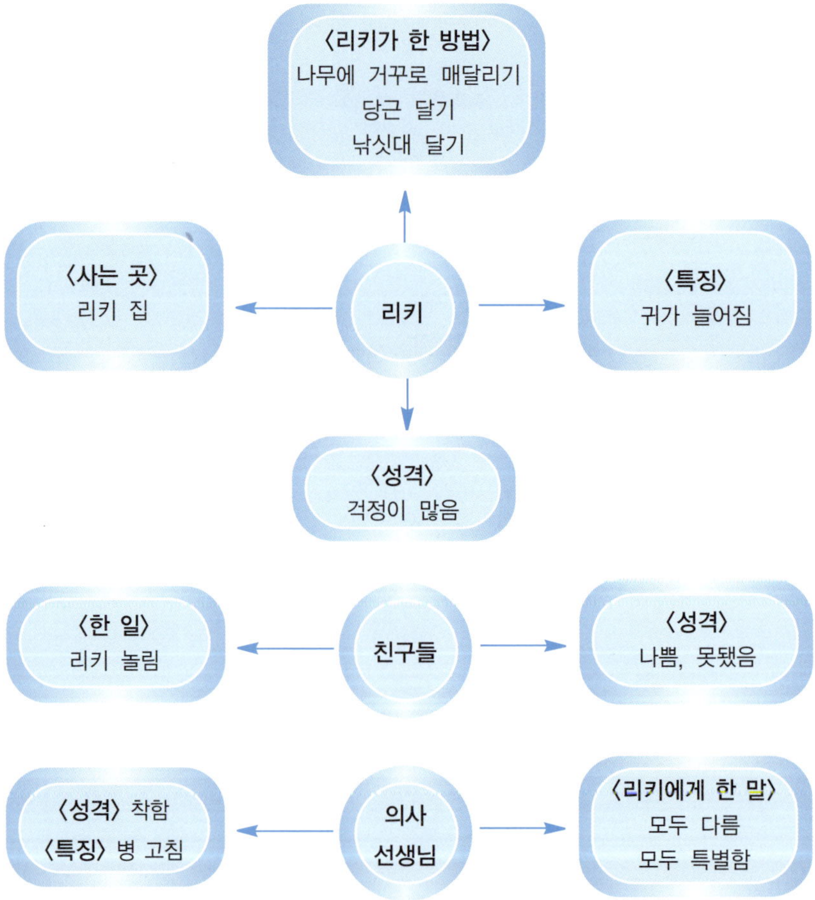

음악극본 내 귀는 짝짝이

▶ 김명정 요 · 곡

등장인물 : 리키, 친구들(4), 의사선생님

#1 여는 노래

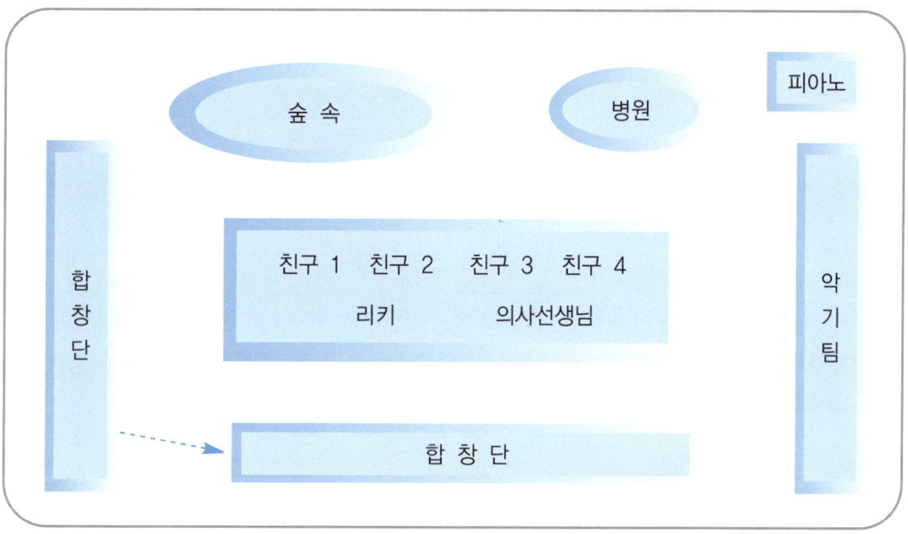

(반주가 시작되기 전 합창단은 무대 가운데에서 율동을 준비한다. 등장인물은 무대 뒤편에서 율동과 노래를 함께 한다)

#2 리키 노래

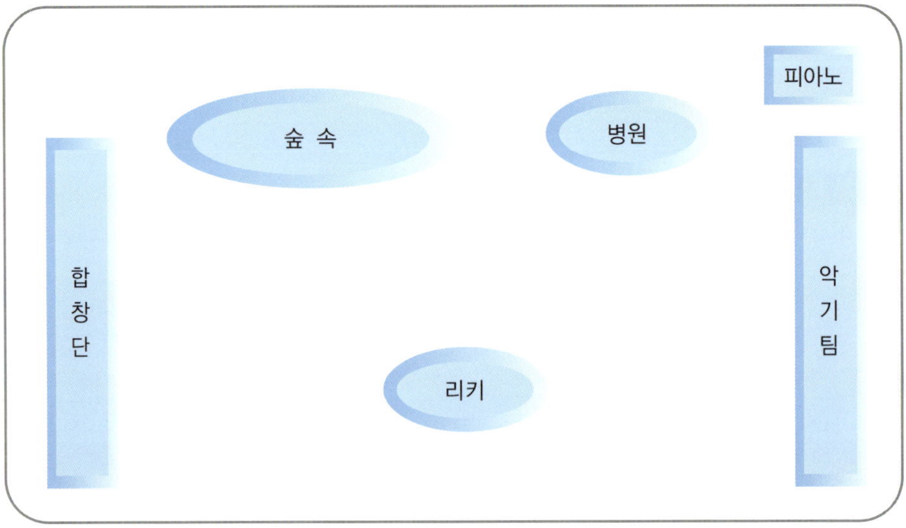

(반주가 시작되면 합창단은 자기 위치로, 친구들은 숲 속 배경 뒤로, 의사선생님은 병원배경 뒤로 들어간다. 리키는 무대 가운데에 위치한 뒤 율동과 노래를 준비한다.)

#3 놀리는 노래

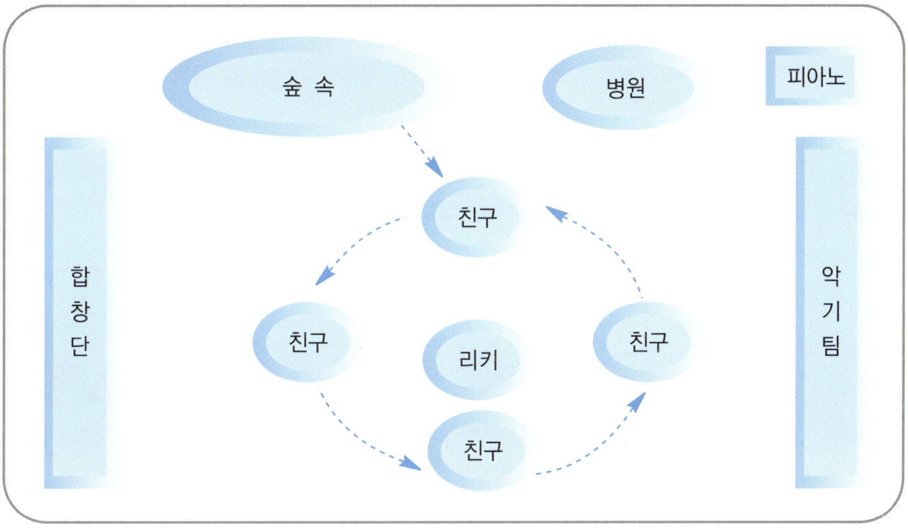

(반주가 시작되면 친구들은 숲 속 배경에서 무대 앞으로 나와 리키를 중심으로 하여 빙빙 돌며 손가락질 등의 놀리는 행동을 하며 노래한다. 리키는 가운데에 앉거나 선다.)

#4 귀 숨기기 노래

(반주가 시작되면 친구들은 숲 속 배경 뒤로 들어가고 리키는 무대 가운데 위치한 뒤 귀를 세우는 다양한 도구들을 가지고 노래한다. 합창단 중 한 명이 소품을 리키에게 전해 준다)

#5 놀리는 노래

(반주가 시작되면 친구들은 숲 속 배경에서 무대 앞으로 나와 리키를 중심으로 하여 빙빙 돌며 손가락질 등의 놀리는 행동을 하며 노래한다. 리키는 가운데에 앉거나 선다.)

#6 합창단 노래

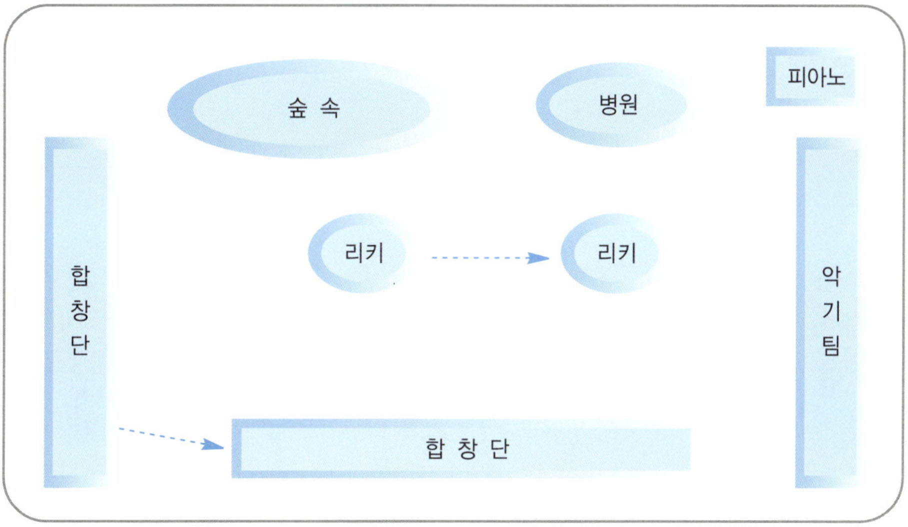

(반주가 시작되면 합창단은 무대 앞쪽에 위치한다. 리키는 숲 속 배경 앞에 있다가 가사가 '병원으로 갔다'는 가사부분에서 병원 앞으로 자리를 옮긴다)

#7 의사선생님 찾아간 리키-모두 다르단다. 의사선생님 노래

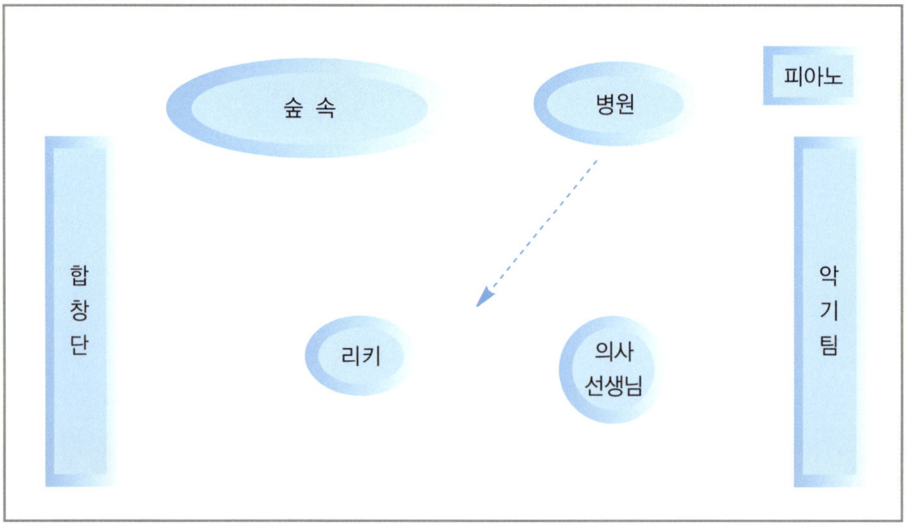

(반주가 시작되면 의사선생님은 병원 배경 앞에서 나와 리키를 다독여 주며 무대 중앙으로 걸어와 위치한다)

#8 합창-당근귀

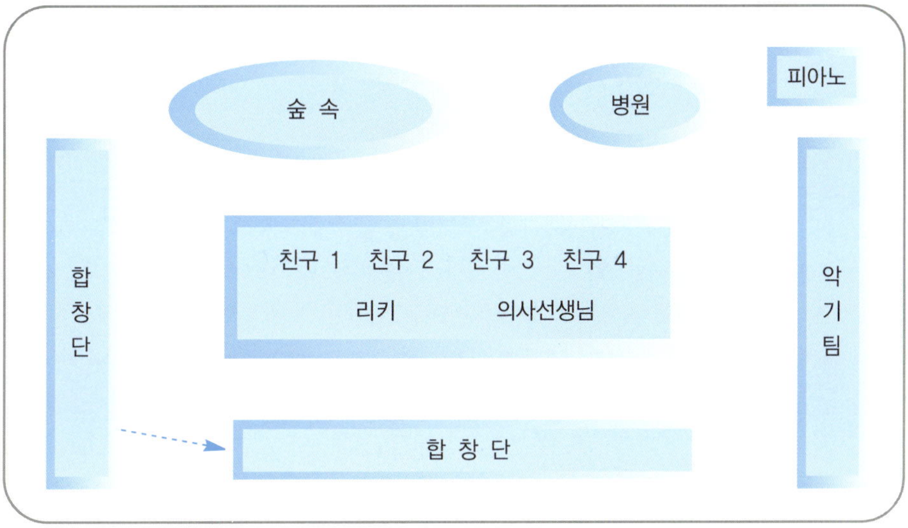

(반주가 시작되면 합창단은 무대 앞쪽에 위치한다. 리키와 의사선생님, 친구들은 여는 노래와 같은 위치에 자리한다. 리키가 귀에 당근을 달게 되면 모두 박수 치며 좋아한다. 그 사이에 합창단은 노래한다.)

#9 닫는 노래

(반주가 시작되면 모두 율동과 노래를 준비한다.)

리듬악보 내 귀는 짝짝이

#1 여는 노래

#2 리키 노래

F C G G7
한 쪽 이 이 렇 게 늘 어 졌 네 내 귀
우드블록
탬버린
트라이앵글
C C
는 짝 짝 이 내 귀 는 짝 짝 이
우드블록
탬버린
트라이앵글
F C C
한 쪽 이 이 렇 게 이 상 해
우드블록
탬버린
트라이앵글

#3 놀리는 노래

#4 귀 숨기기 노래

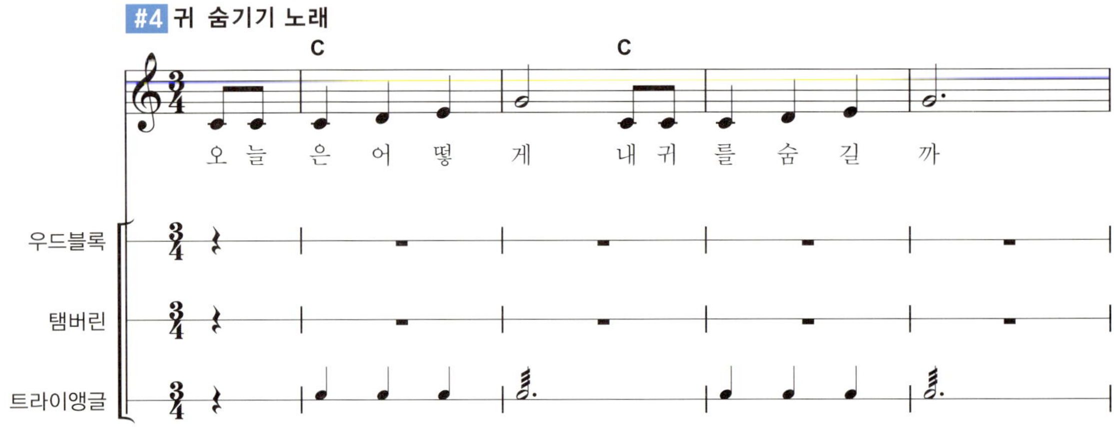

F C G G7
나 무 에 거 꾸 로 매 달 릴 까 오 늘
우드블록
탬버린
트라이앵글
C C
은 어 떻 게 내 귀 를 숨 길 까
우드블록
탬버린
트라이앵글
F C G C
붕 대 로 칭 칭 낚 싯 대 로 영 차
우드블록
탬버린
트라이앵글

#5 놀리는 노래

#6 합창단 노래

#7 의사선생님 찾아간 리키 – 모두 다르단다. 의사선생님 노래

C G C C
귀 는 다 르 지 만 특 별 해
우드블록
탬버린
트라이앵글

#8 합창 – 당근귀

C F C G C G
귀 에 다 가 당 근 을 달 아 서 양 쪽 다 늘 어 졌 네
우드블록
탬버린
트라이앵글

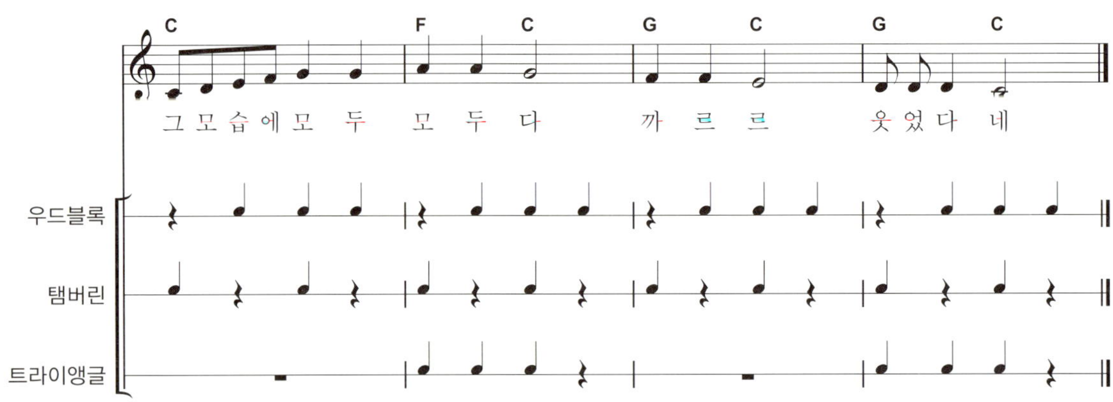
C F C G C G C
그 모 습 에 모 두 모 두 다 까 르 르 웃 었 다 네
우드블록
탬버린
트라이앵글

#9 닫는 노래

C G C G G
우 리 모 두 는 조 금 씩 달 라 귀 모 양 도 얼 굴 도 다 르
우드블록
탬버린
트라이앵글
C G G C
다 는 건 특 별 한 거 야 모 두 모 두 특 별 해
우드블록
탬버린
트라이앵글

Part 2 실제 : 7세

1. 잭과 콩나무(명작동화)
2. 빨간 모자 1(명작동화)
3. 팥죽 할머니와 호랑이(전래동화)
4. 바닷물고기 덩치(창작동화)
5. 빨간 모자 2
   (유아들과 함께 만든 창작 음악극)

1. 잭과 콩나무(명작동화)

동화 줄거리

출처 : 잭과 콩나무
(읽는 재미 듣는 재미 CD 명작)
영국민화 원작 / 금동이책 엮음 / 박밀레 그림 / 김성준 음악감독 | 깊은책속옹달샘

아픈 어머니를 모시고 살고 있던 잭이라는 소년이 있었어요. 어느 날 엄마는 약값을 벌기 위해 소를 팔아서 약을 사오라고 심부름 시켰지요. 소를 데리고 시장으로 가던 길에 잭은 요술 할아버지를 만나 소를 콩으로 바꾸게 된답니다. 콩을 가지고 집으로 온 잭을 본 엄마는 화가 나서 콩을 땅에 집어던지게 되지요. 다음날, 잭이 일어나 마당으로 나와보니, 밤새 콩이 엄청나게 큰 나무로 자라 하늘에 닿아 있었어요. 호기심 많은 잭은 콩나무 줄기를 타고 위로 위로 올라가 보았답니다. 콩나무는 높이 자라 거인의 성에 닿아 있었지요. 잭은 거기서 황금알을 낳는 닭을 훔쳐 집으로 가지고 왔지요. 사실 이 거위는 잭 아버지의 보물들이었는 데 거인이 빼앗아 갔던 것이었답니다. 다음날 잭은 또 콩나무 줄기를 타고 거인의 성에 갔어요. 거인은 잠을 자는 동안 아름다운 음악을 들려주는 노래하는 하프가 있었어요. 잭이 노래하는 하프를 가지고 가려 하자, 노래하는 하프들은 '주인님' 이라며 거인을 깨웠답니다. 거인은 화를 내며 잭을 뒤쫓아왔고, 얼른 땅으로 먼저 내려온 잭은 도끼로 콩나무 줄기를 베어 버렸답니다. 그 바람에 거인은 '쾅' 땅으로 떨어지고 말았어요. 아빠의 두 가지 보물을 되찾은 잭과 어머니는 행복하게 살았답니다.

주제망

동화 『잭과 콩나무』를 듣고 동화책의 내용을 주제망으로 구성해 본다.

T : 『잭과 콩나무』에는 누가 나왔니?

C : 잭이랑 엄마요!, 거인도 나왔어요…

T : 그래서 무슨 일이 일어났지?

C : 엄마가 아파서 약을 먹어야 하는 데 가난해서 돈이 없었어요, 소를 팔아 약을 사려고 했는 데 잭이 요술 할아버지에게 소를 팔고 콩을 받았어요…

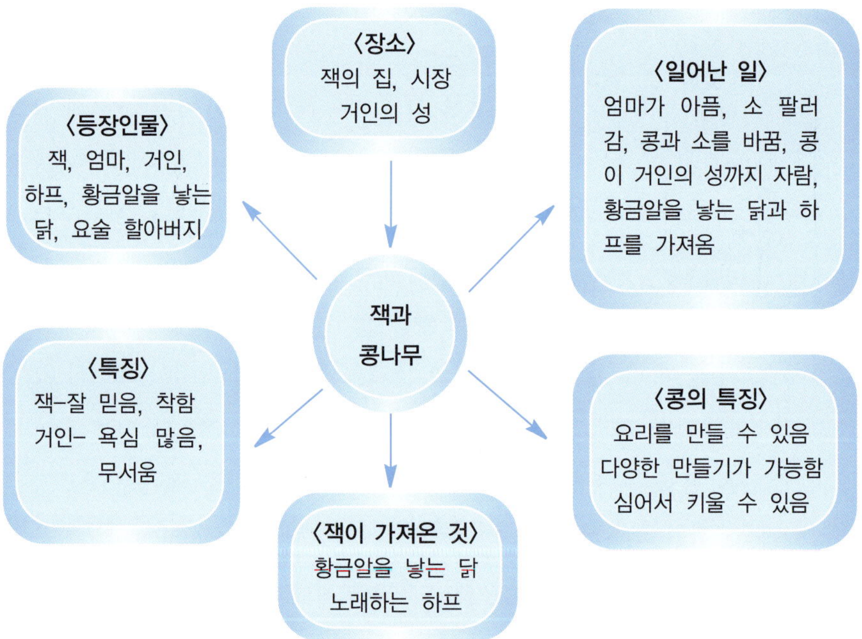

등장인물 분석

대그룹 혹은 소그룹 이야기 나누기를 통해 『잭과 콩나무』 동화의 등장인물들에 대한 분석을 한다.

T : 잭의 특징은 무엇일까?

C : 잭은 다른 사람을 잘 믿는 것 같아요. 요술 할아버지의 말을 믿었잖아요. 잭은 거인의 것을 훔쳤으니까 도둑은 도둑인 데 착한 도둑 같아요…

T : 잭의 집은 어떻니?

C : 잭은 좀 가난한 것 같아요. 엄마와 함께 살아요..

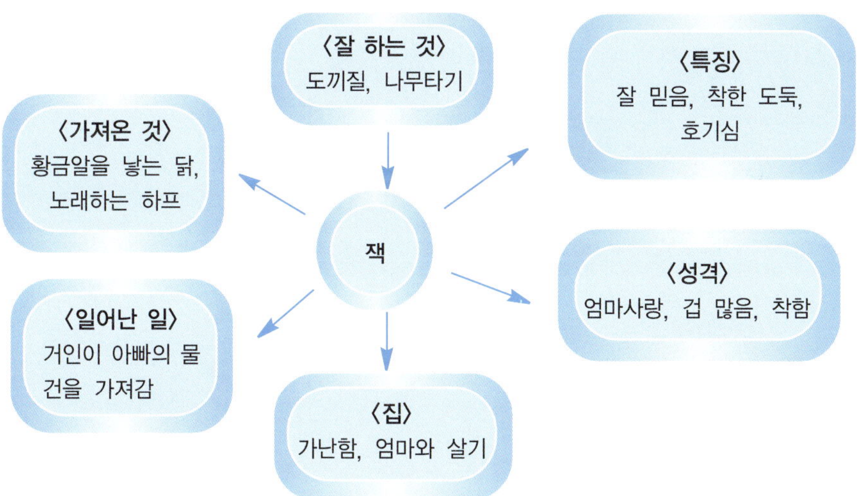

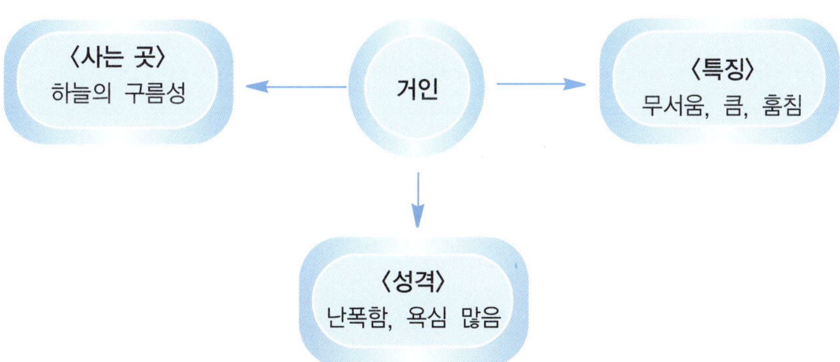

〈일어난 일〉
콩 때문에 화가 나서 콩을 던짐, 나중에 병이 나음
← 엄마 →
〈특징〉
아픔, 걱정 많음

〈일어난 일〉
콩과 소를 바꿈
← 요술 할아버지 →
〈특징〉
거짓말 안함, 착함, 요술부림

음악극본 잭과 콩나무

▶ 김명정 요 · 곡

등장인물 : 잭, 어머니. 거인, 황금알을 낳는 닭(2), 노래하는 하프(4), 합창단

#1 여는 노래

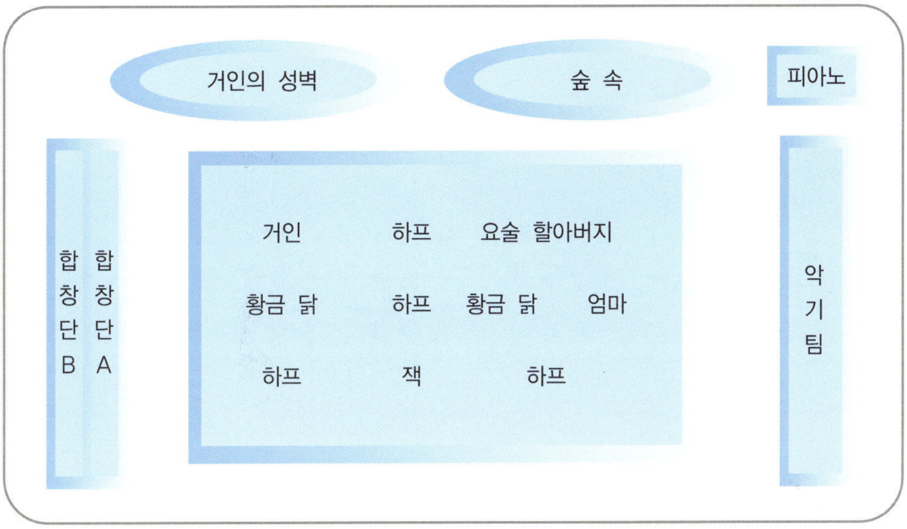

(반주가 시작되면 등장인물들은 제자리에서 뛰면서 한 바퀴 돈 뒤 율동준비를 한다)

(여는 노래가 끝나면 거인, 황금알을 낳는 거위, 노래하는 하프는 거인의 성벽 뒤로 숨고, 잭, 어머니, 소는 무대 중앙에 위치한다)

#2 잭과 엄마의 대화

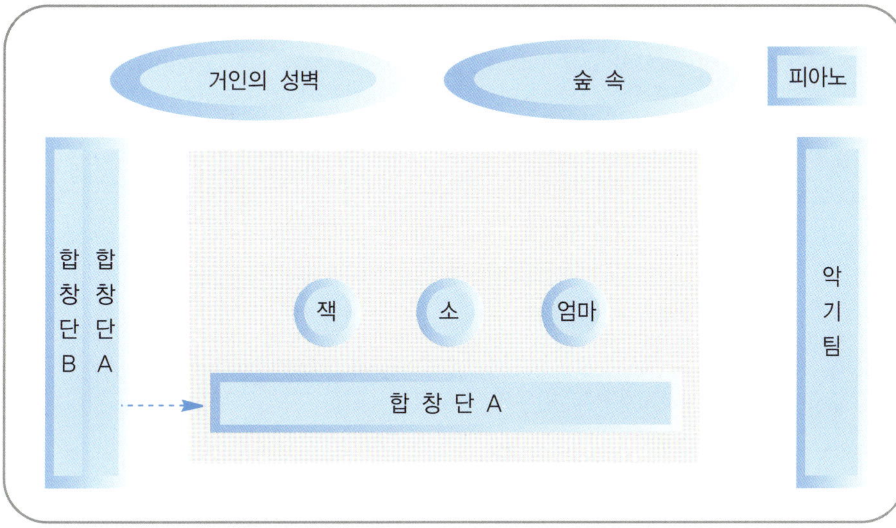

(엄마는 좌우로 몸을 흔들며 부드럽게 노래한다. 엄마 옆에 소가 있다.)

(엄마)

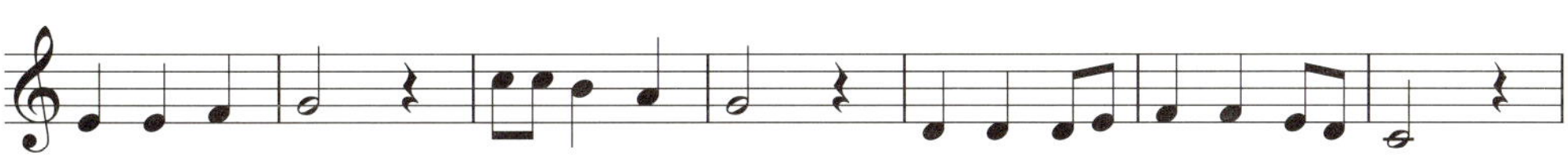

(간주연주 동안 엄마는 소를 잭에게 건네준다.)

(잭)

#3 시장으로 가는 잭

(간주연주 동안 잭은 소의 손을 잡고 한 바퀴 돌아 앞을 보고 다시 선다. 합창단 A는 무대 앞으로 나와 잭과 소 앞에 한 줄로 앉는다. 엄마는 숲 속 배경 뒤로 들어간다.)

(합창단 퇴장 반주가 들리면 합창단은 원래 자리로 돌아간다.)

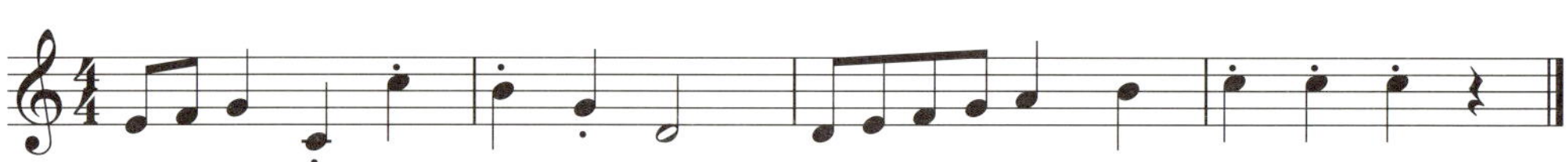

#4 요술 할아버지를 만난 잭

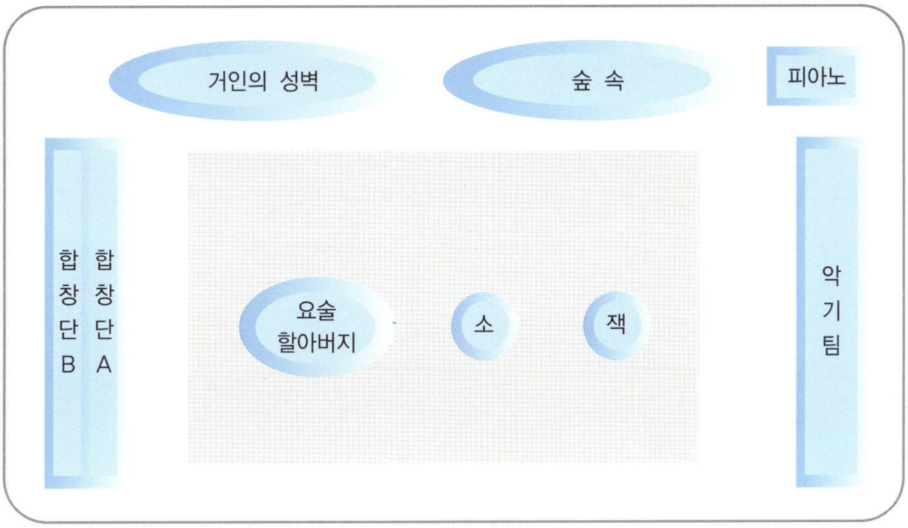

(전주연주 동안 요술 할아버지는 잭이 있던 자리에, 잭 엄마 있던 자리에 소와 함께 선다)

(합창단 준비 전주연주 동안 합창단 B가 무대 앞에 일렬로 앉아 손을 흔들며 노래한다. 이 때 합창단의 머리와 손에는 풀 잎사귀들이 장식되어 있다)

(합창단 전주 및 노래-스타카토 느낌으로 밝고 경쾌하게 연주한다.)

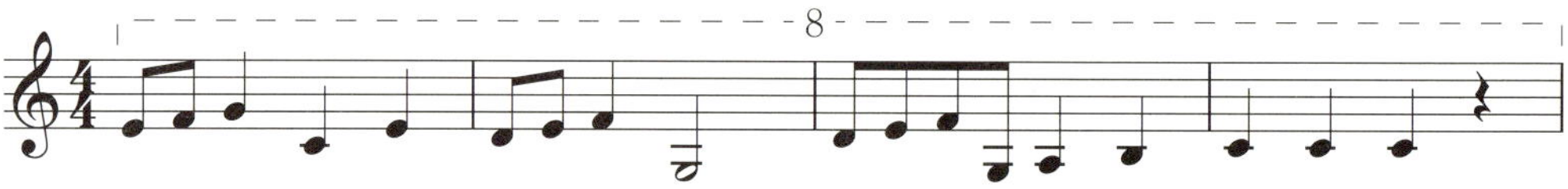

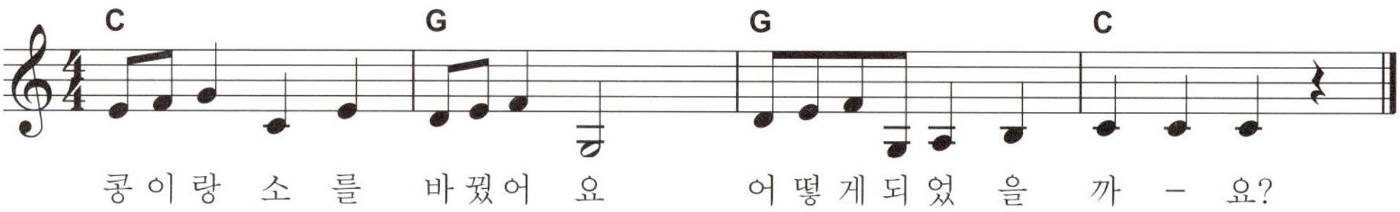

(합창단 퇴장-스타카토 느낌으로 밝고 경쾌하게 연주한다.)

(합창단 반주가 연주되는 동안 합창단 A는 자기 자리로 돌아간다.)

(합창단이 자리로 돌아가는 동안 요술 할아버지, 소는 숲 속 배경 뒤로 들어가고 잭은 요술 할아버지 자리로, 엄마는 무대 앞으로 나와서 선다.)

#5 엄마와 잭의 대화

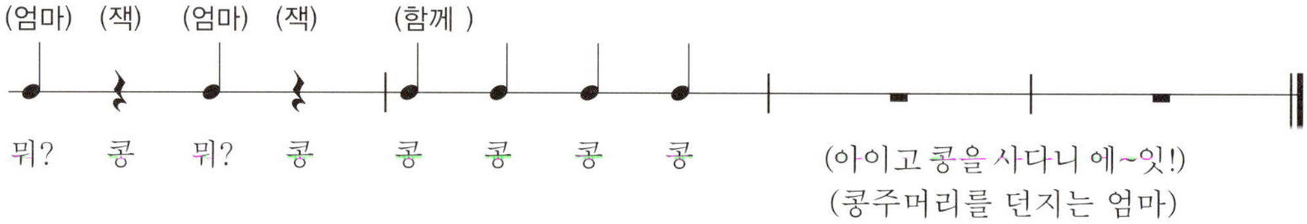

(느리고 슬프게 연주한다)

(반주 음악이 나오면 잭은 시무룩한 표정으로 숲 속 배경 뒤로 들어간다.)

#6 깜짝 놀란 잭

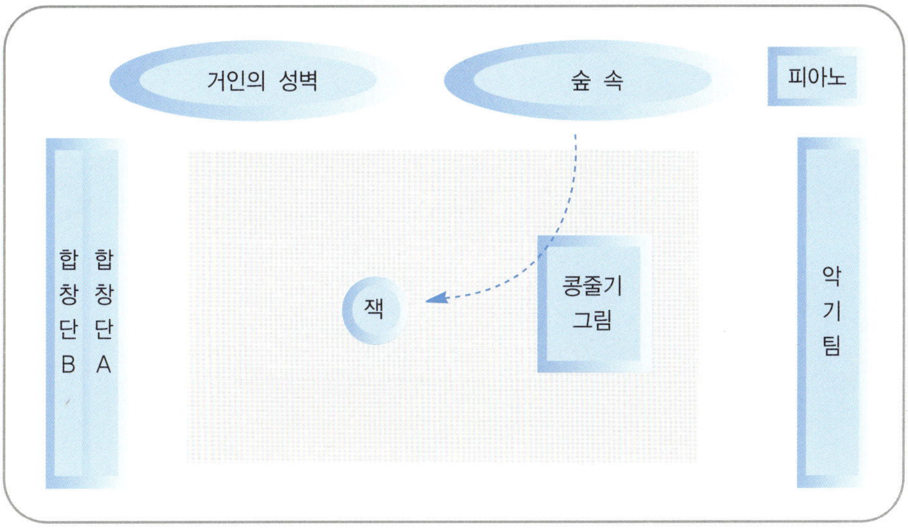

(깜짝 놀란 잭-부드럽지만 세게 연주한다)

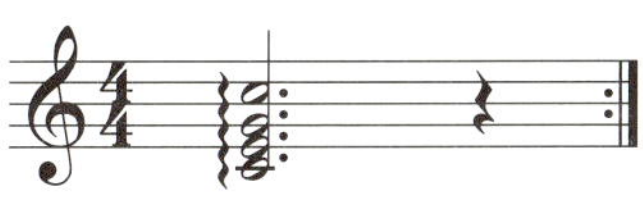

(전주가 연주되는 동안 잭은 하품하며 숲 속 앞으로 걸어나오다 콩줄기를 보고 놀라 팔을 위로 높이 치켜 든다. 그 뒤 무대 중앙으로 와서 준비한다. 놀라는 음악 반주 후 교사는 천장에 붙어 있는 콩줄기 그림을 당겨 아래로 내려오게 한다.)

#7 콩나무 올라가는 잭

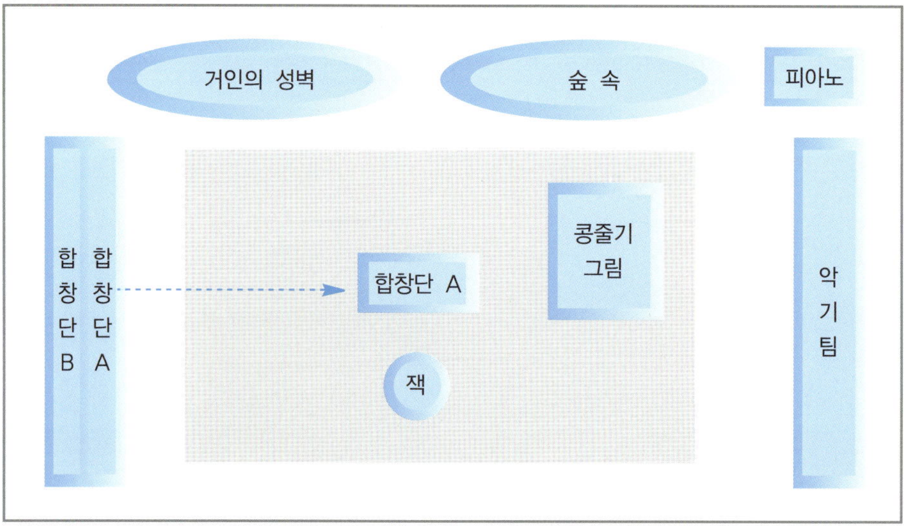

(전주가 연주되는 동안 합창단 A가 무대 가운데로 나와 잭 뒤에 한 줄로 선다.)

(합창단 퇴장- 스타카토 느낌으로 밝고 경쾌하게 연주한다.)

(합창단 퇴장 반주가 들리면 합창단은 원래 자리로 돌아간다.)

#8 황금알 낳는 닭

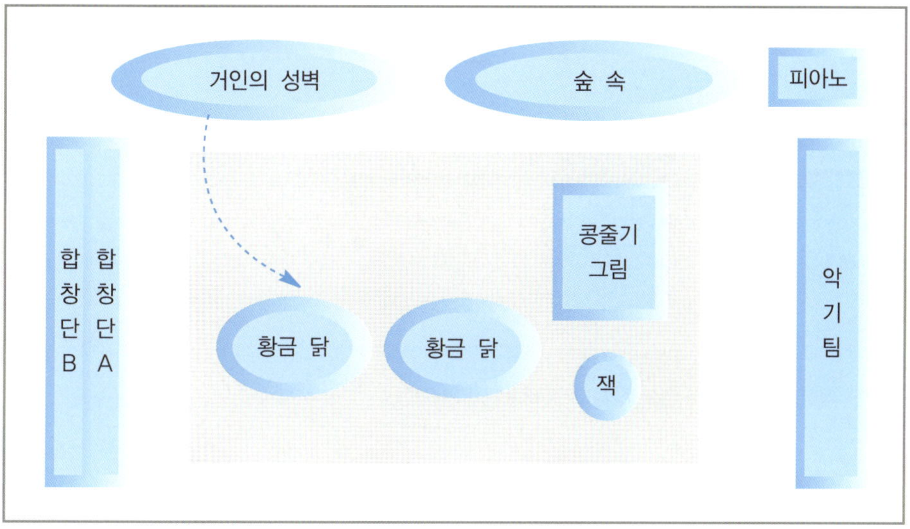

(전주가 연주되면 황금 앎을 낳는 닭과 황금알을 가지고 거인의 성벽 앞에서 나와 무대 앞에 자리한다.)

(합창단 전주 및 노래-스타카토 느낌으로 밝고 경쾌하게 연주한다.)

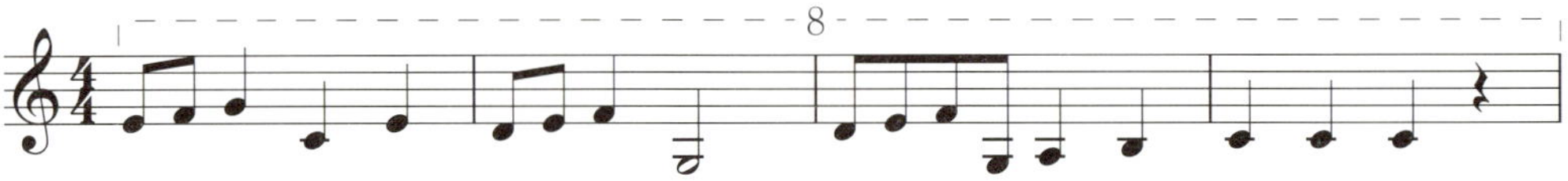

(합창단 퇴장-스타카토 느낌으로 밝고 경쾌하게 연주한다.)

(합창단 퇴장 반주가 들리면 합창단은 원래 자리로 돌아간다.)

#9 노래하는 하프

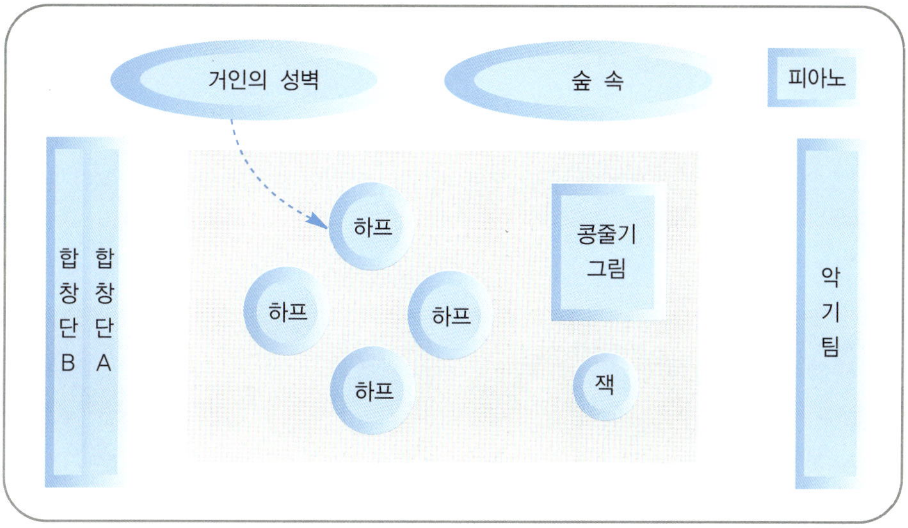

(전주음악이 연주되는 동안 하프는 무대로 나와 위치한 뒤 몸을 좌우로 흔든다.)

(잭이 하프를 가져가는 음악-느리고 슬프게 연주한다)

(음악이 연주되면 잭은 하프를 한 곳에 모아 거인의 성 뒤로 보낸다. 하프들은 잭이 한 곳에 모으면 "주인님! 주인님!" 소리친다)

#10 거인과 잭의 대화

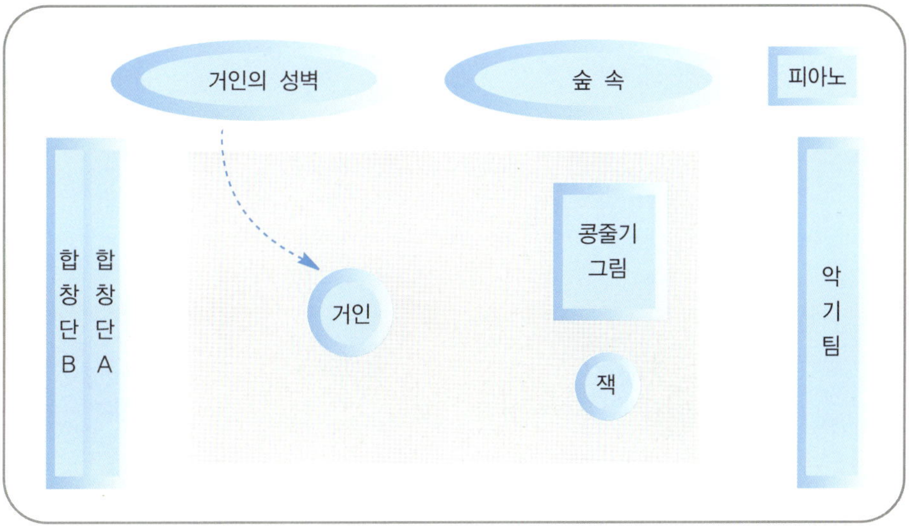

(전주가 시작되면 거인은 성난 얼굴을 하고 쿵쿵 걸으며 무대 앞으로 나와 위치한다.)

#11 도망가는 책

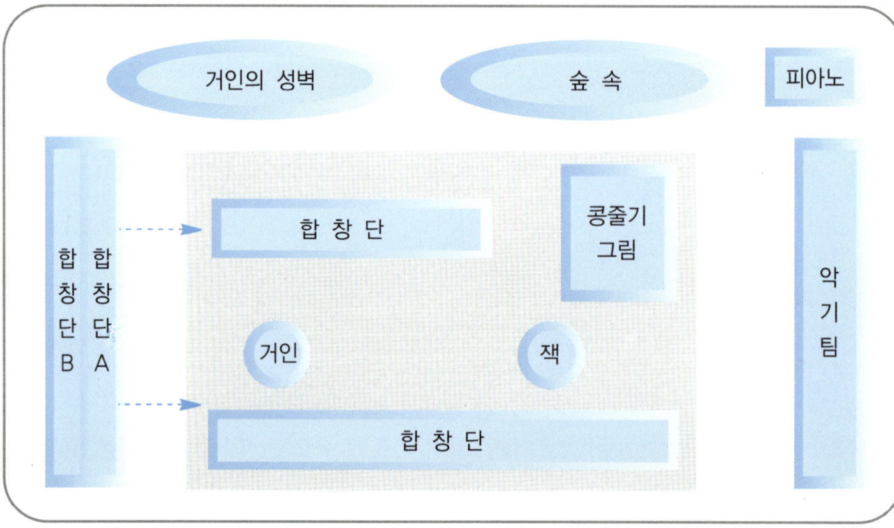

(전주가 시작되면 합창단 A는 무대 앞에 한 줄로 앉고, 합창단 B는 무대 뒤에 한 줄로 선다.)

(노래를 부르며 거인과 책은 무대 중앙에서 한 바퀴 돌고, 합창단은 잎사귀 손을 흔든다.)

#12 콩나무 자르는 잭

(반주가 나오면 거인은 제자리에서 '쾅' 뛰어 바닥에 넘어진다.)

#13 닫는 노래

(닫는 노래 전주가 시작되면 모든 등장인물이 나와서 여는 노래와 같은 자리에 선다.)

리듬악보

잭과 콩나무

#1 여는 노래

F E D7/D Gsus4 G G7
어 떻 게 되 었 을 까 요
탬버린
큰북
작은북
C C/E F F♯ G Gsus4 G7
여 기 오 신 모 든 분 들 환 영 해 요 환 영 해 요
큰북/심벌즈
탬버린
작은북
C C/E F F♯ G C
듣 는 재 미 보 는 재 미 잭 과 콩 나 무
큰북/심벌즈
탬버린
작은북

#2 책과 엄마의 대화

#3 시장으로 가는 책

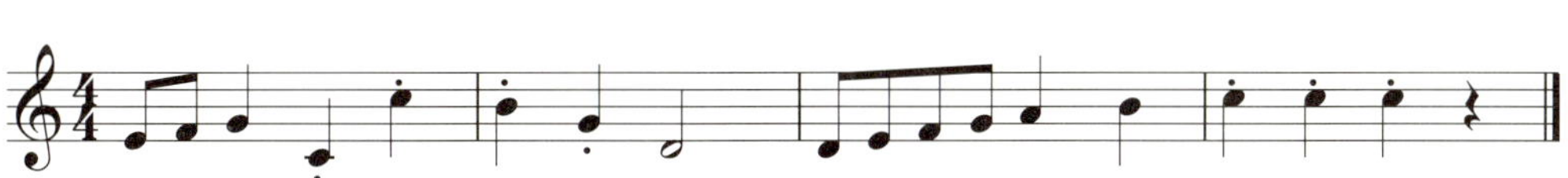

#4 요술 할아버지를 만난 잭

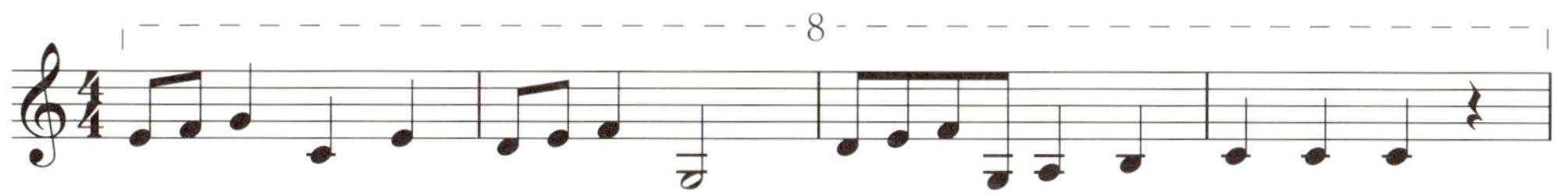
8

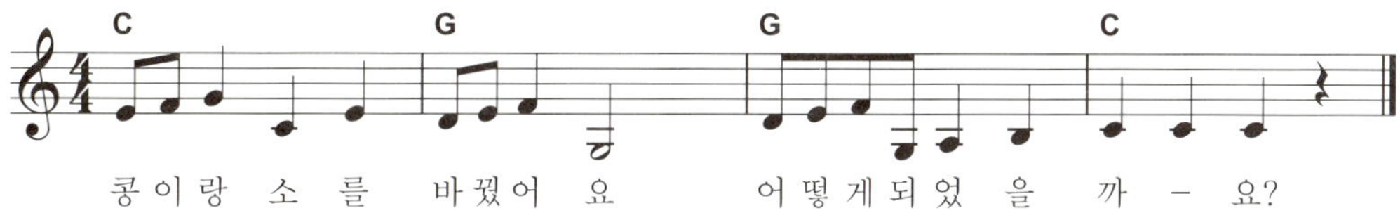
C
G
G
C
콩 이 랑 소 를 바 꿨 어 요 어 떻 게 되 었 을 까 - 요?

#5 엄마와 잭의 대화

(엄마) (잭) (엄마) (잭) (엄마) (잭)
소 를 팔 았 니? 네! 약 을 사 왔 니? 아니요?뭐 를 사 왔 니? 콩
(엄마) (잭) (엄마) (잭) (다같이) (엄마–콩주머니 던지며)
뭐? 콩 뭐? 콩 콩 콩 콩 콩 (아이고 콩을 사다니 에~잇!)

Am
G#/E
Am

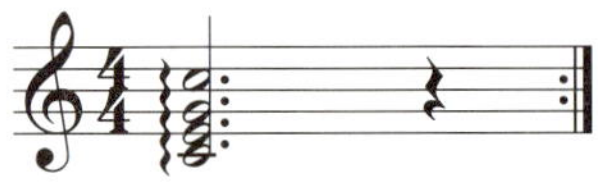

#6 깜짝 놀란 잭

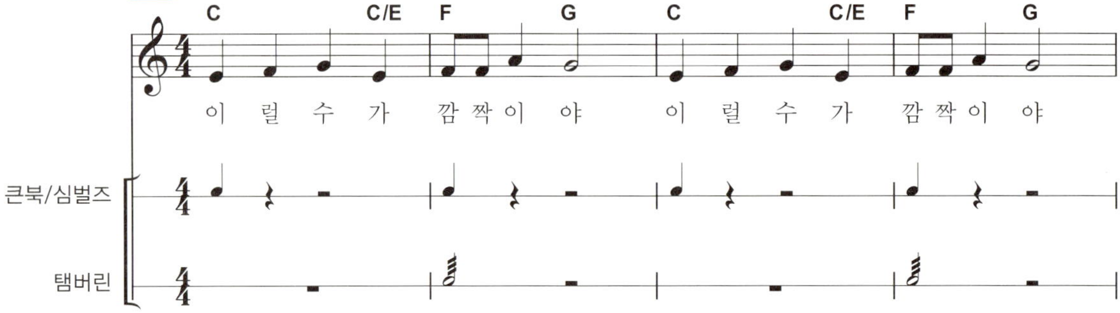

#7 콩나무 올라가는 잭

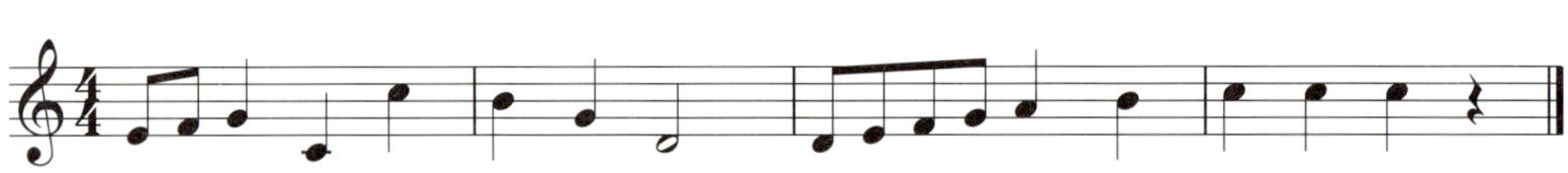

#8 황금알을 낳는 닭

C F C F C F C
꼬 꼬 댁 (꼬 꼬) 꼬 꼬 댁 (꼬 꼬) 나 는 황 금 알 낳 는 닭 (꼬 꼬) 꼬 꼬
우드블록
트라이앵글
C C C F
댁 (꼬 꼬) 꼬 꼬 댁 (꼬 꼬) 너 무 너 무 특 별 해 (꼬 꼬)
우드블록
트라이앵글
8
C G G C
황 금 알 을 낳 는 닭 – – 을 잭 – 이 가 져 갔 어 – 요

#9 노래하는 하프

F B♭ C F
나 는 아 름 다 운 노 래 를 하 는 하 − 프
트라이앵글
F B♭ G C F
내 노 래 를 들 으 면 − 첫 눈 에 반 해 샤 랄
트라이앵글
C D B♭ C F
랄 랄 라 샤 랄 랄 랄 라 샤 랄 랄 랄 랄 랄 라
트라이앵글

Am G♯/E Am

#10 거인과 책의 대화

#11 도망가는 책

C E F F♯ C E F F♯ G C
쭈 루 루 룩 쭈 루 루 룩 꽈당 꽈당 꽝
트라이앵글
큰북

#12 콩나무 자르는 잭

Am
쾅 쾅 찌 찌 직 쾅 쾅 찌 찌 직 거 인 내 려 온 다 거 인 내 려 온 다
큰북
심벌즈
작은북
탬버린

E/G♯ Am
빨 리 찍 자 빨 리 찍 자 쾅 쾅 찌 지 직 쾅 쾅 찌 지 직
큰북
심벌즈
작은북
탬버린

Am
E/G#
Am
거 인 내 려 온 다 거 인 내 려 온 다 도 끼 찍 자 도 끼 찍 자
큰북
심벌즈
작은북
탬버린

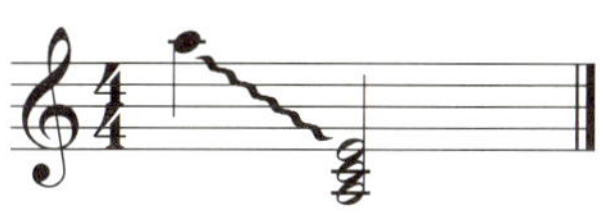

#13 닫는 노래

C E F G F G C
황 금 닭 과 하 프 로 행 복 하 게 살 았 답 니 다

C E F G G
여 기 오 신 모 든 분 들 환 영 해 요 환 영 해 요
큰북/
심벌즈
탬버린
작은북

C E F F# G C
듣 는 재 미 보 는 재 미 잭 과 콩 나 무
큰북/심벌즈
탬버린
작은북

2. 빨간 모자 1 (명작 동화)

동화 줄거리

출처 : 빨간 모자
그림형제 원작 /
최숙희 그림 /
보물섬 구성 | 웅진주니어

엄마와 함께 살고 있던 빨간 모자는 어느 날 할머니가 아프셔서 병문안을 가게 되었어요. 출발 전 빨간 모자는 엄마와 두 가지 약속을 해요. "숲 속에 가지 말 것, 늑대를 조심할 것" 그렇지만 아름다운 숲 속을 본 빨간 모자는 그만 약속을 잊어버려요. 늑대는 빨간 모자에게 할머니께 아름다운 꽃을 따서 드리면 좋아하실거라며 유혹하지요. 빨간 모자가 꽃을 따고 있을 때 늑대는 먼저 할머니 댁으로 가서 할머니를 잡아먹고 할머니처럼 분장을 했어요. 빨간 모자는 그것도 모르고 할머니로 분장한 늑대에게 귀가 왜 이렇게 큰지, 입이 왜 이렇게 큰지 물어봐요. 결국 늑대는 빨간 모자도 잡아먹었지요. 마침 그 근처를 지나던 사냥꾼이 이상한 소리를 듣고 할머니 집에 왔어요. 그곳에는 배가 볼록 튀어나온 늑대가 할머니 침대에서 자고 있었어요. 사냥꾼은 '이 늑대가 할머니를 잡아먹었구나!' 라고 생각을 하고 잠을 자는 늑대의 배에서 빨간 모자와 할머니를 구해주었답니다.

주제망

동화 『빨간 모자』를 듣고 동화책의 내용을 주제망으로 구성해 본다.

T : 『빨간 모자』에는 누가 나왔니?

C : 빨간 모자요, 늑대, 엄마, 할머니도요, 사냥꾼도 나와요.

T : 빨간 모자는 늑대에게 무엇을 물어보았지?

C : 귀가 왜 이렇게 큰지, 입이 왜 이렇게 큰지 물어봐요.

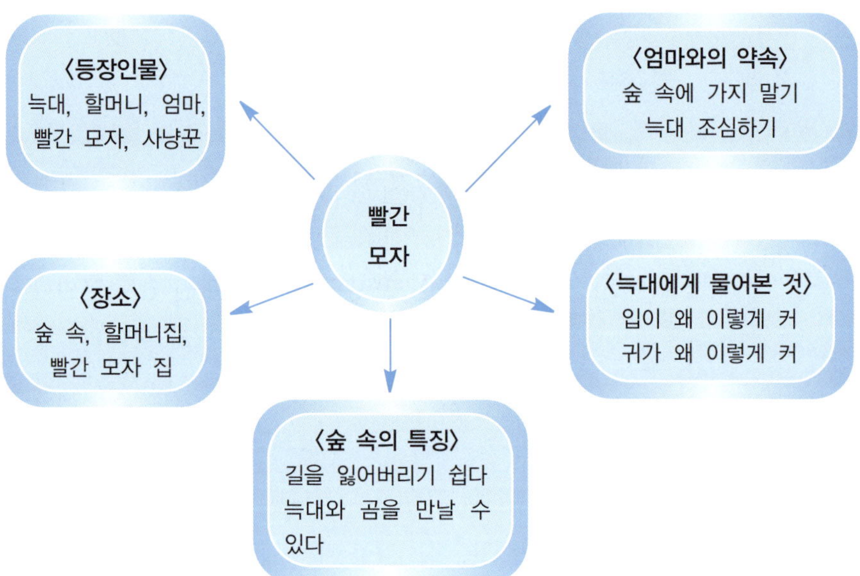

등장인물 분석

대그룹 혹은 소그룹 이야기 나누기를 통해 『빨간 모자』 동화의 등장인물들에 대한 분석을 한다.

T : 빨간 모자의 특징은 무엇일까?

C : 엄마와의 약속을 좀 잘 잊어 버려요, 할머니를 사랑하고 착해요…

T : 숲 속은 어떻니?

C : 꽃이 많아요, 아름다워요, 다른 곤충들도 많이 살아요…

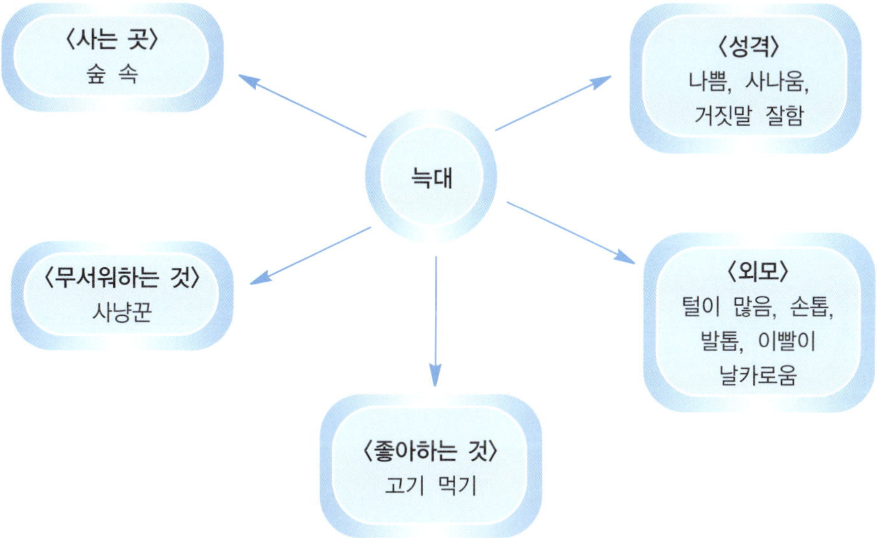

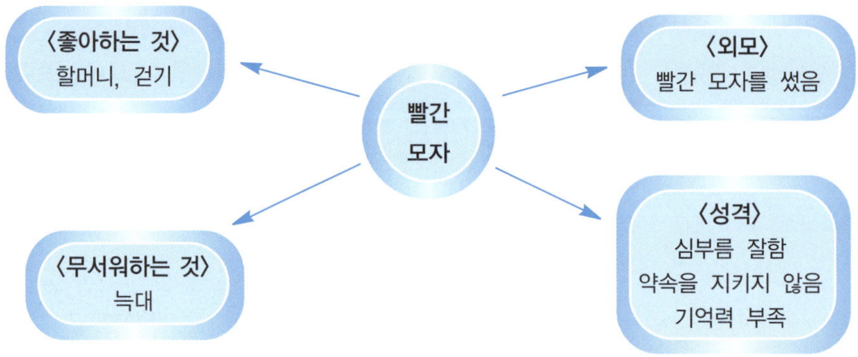
빨간 모자
〈좋아하는 것〉
할머니, 걷기
〈외모〉
빨간 모자를 썼음
〈무서워하는 것〉
늑대
〈성격〉
심부름 잘함
약속을 지키지 않음
기억력 부족

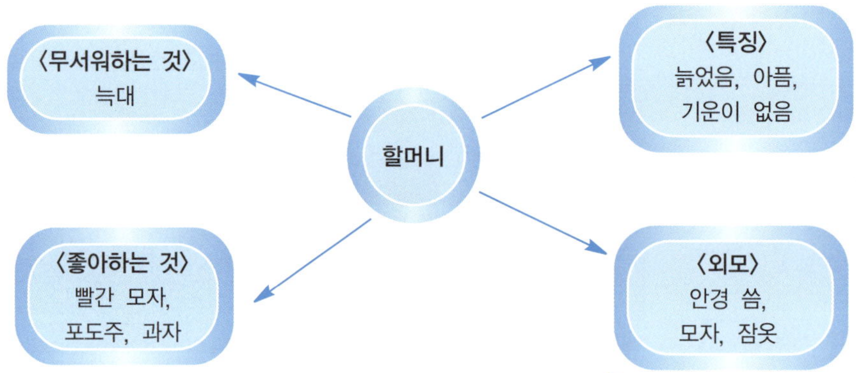
할머니
〈무서워하는 것〉
늑대
〈특징〉
늙었음, 아픔,
기운이 없음
〈좋아하는 것〉
빨간 모자,
포도주, 과자
〈외모〉
안경 씀,
모자, 잠옷

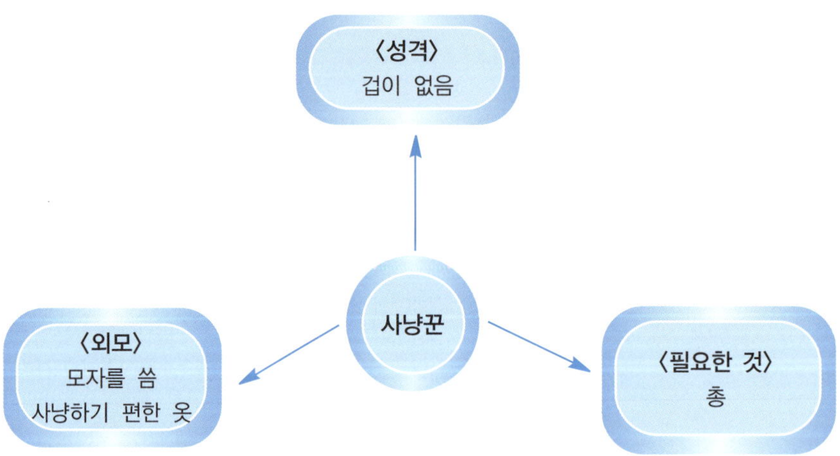
〈성격〉
겁이 없음
사냥꾼
〈외모〉
모자를 씀
사냥하기 편한 옷
〈필요한 것〉
총

음악극본 빨간 모자 I

▶ 장은희 요 · 곡

등장인물 : 빨간 모자, 엄마, 할머니, 늑대, 사냥꾼

#1 여는 노래

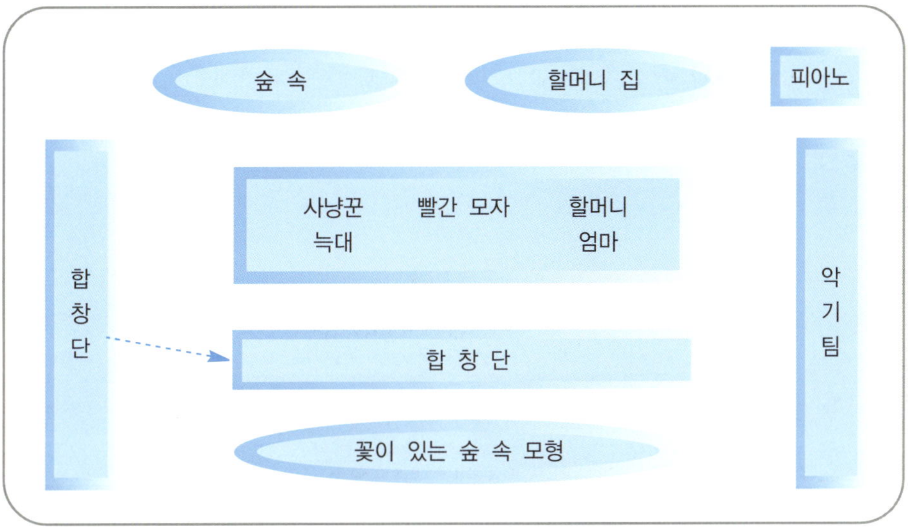

(반주가 시작되기 전 합창단은 무대 앞에, 등장인물들은 합창단 뒤편 무대에 위치하고 율동과 노래 준비를 한다.)

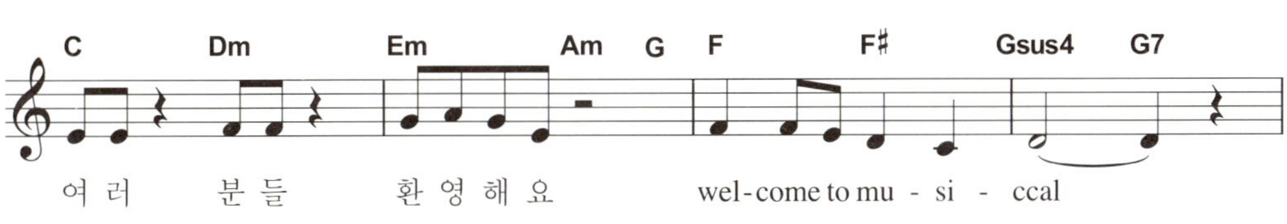

F Em Am G Dm C G
깡총 깡총 토기를찾아 훨훨 나는 예쁜나비찾아

C Dm Em Am G C G C
모두 함께 떠나봐요 빨간모자음악극 속으 로 Let's go!

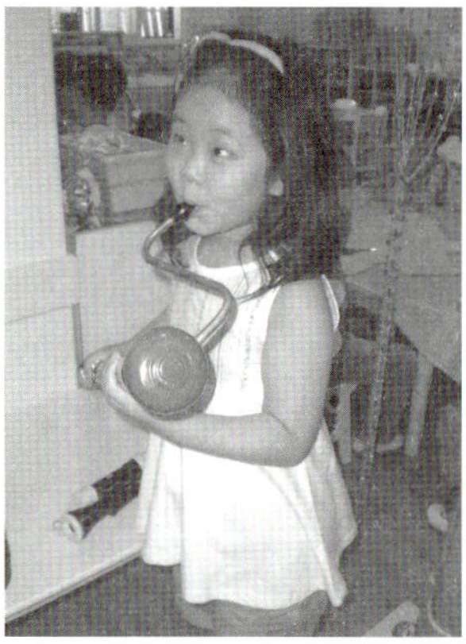

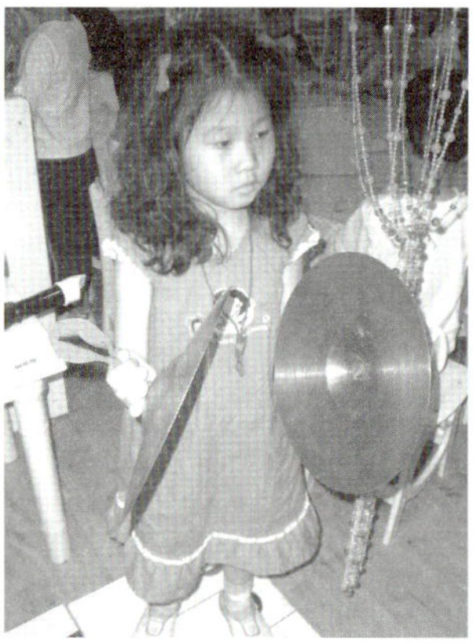

#2 엄마와 빨간 모자의 대화

(반주가 시작되면 합창단은 자기 위치에, 사냥꾼과 늑대는 숲 속 배경 뒤로 들어간다. 엄마와 빨간 모자는 무대 중앙에 위치한다.)

#3 숲 속에 있는 빨간 모자

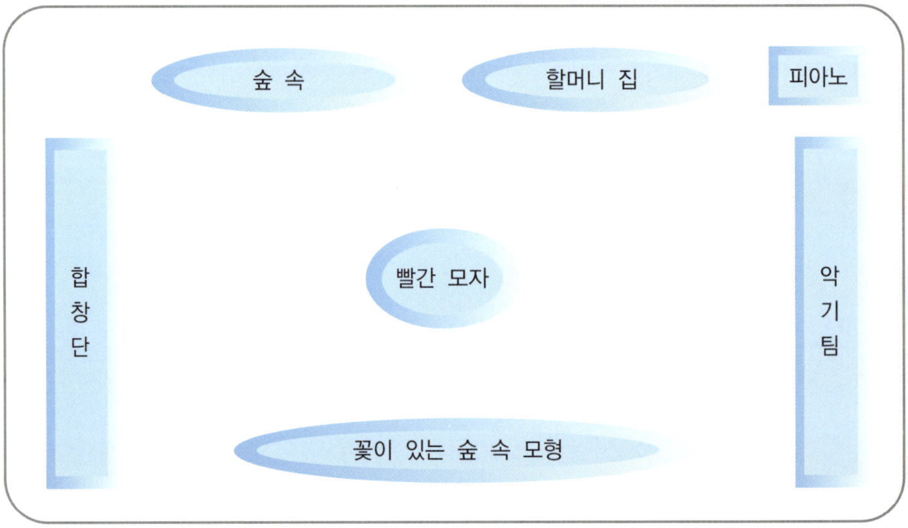

(반주가 시작되면 엄마는 숲 속으로 들어가고 빨간 모자는 꽃이 있는 숲 속 모형쪽으로 위치한다. 빨간 모자가 숲 속에 도착하여 꽃들과 나무를 보며 노래 부른다.)

#4 늑대 등장-빨간 모자와의 대화

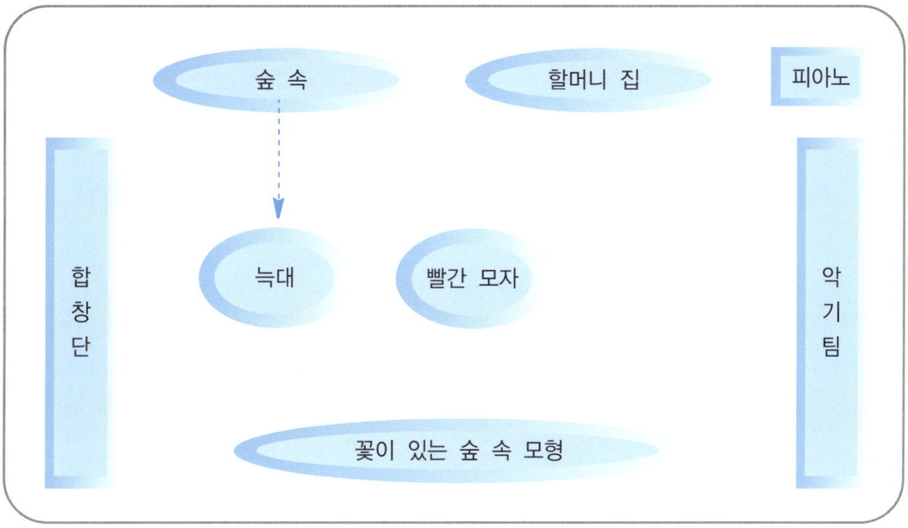

(반주가 시작되면 숲 속 배경 뒤에서 늑대가 나오고 빨간 모자는 계속 꽃을 보며 앉아 있다. 늑대는 빨간 모자 주변에서 어슬렁거리며 율동한다. 빨간 모자와의 대화 노래에서는 빨간 모자와 마주보며 노래한다.)

#5 늑대가 할머니 잡아먹기-도착한 빨간 모자-빨간 모자 잡아먹기

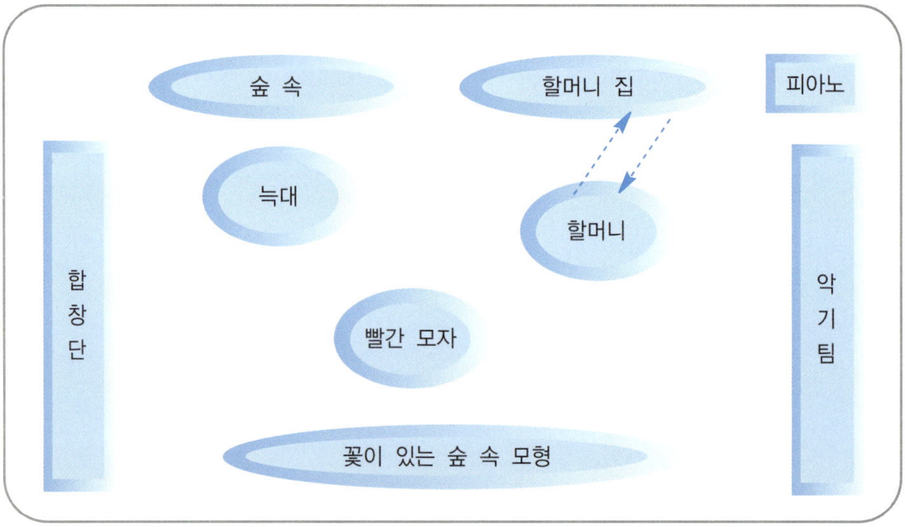

(빠른 반주가 시작되면 할머니가 할머니 집 무대배경에서 나오고 늑대는 할머니를 잡아 먹는다. 할머니는 자기 소품들을 무대에 벗어둔채 할머니 집 뒤로 들어가고 늑대는 재빨리 소품들을 착용하고 할머니 집 앞에 있는다. 빨간 모자는 무대 가운데에서 노래 부르다가 두 번째 노래에서 할머니 집쪽으로 다가간다. 늑대가 빨간 모자 잡아먹는 장면에서 빨간 모자는 할머니 집 뒤로 들어가고 늑대는 계속 할머니 집 앞에 위치한다. 할머니로 변장한 늑대가 침대에 누워 있다.)

#6 사냥꾼의 노래

(반주가 시작되면 사냥꾼은 숲 속 무대배경에서 나와 무대 가운데에서 노래한 뒤 늑대쪽으로 다가가 배를 가르는 시늉을 한다. 「피융」부분에서는 총 쏘는 모양을 표현한다.)

#7 돌을 넣자

(반주가 시작되면 늑대는 무대 가운데로 와서 눕고 다른 등장인물들과 합창단은 율동과 노래 한다.)

(합창단)

#8 감사합니다 – 합창단

(반주가 시작되면 합창단은 무대 앞쪽으로 오고 등장인물들은 여는 노래와 같은 위치에 선다. 사냥꾼의 솔로부분에서 합창단과 등장인물은 제자리에 앉고 사냥꾼 혼자 서서 노래한다.)

(할머니, 빨간 모자, 합창단)

#9 닫는 노래

(반주가 시작되면 모두 자기 위치에 선 뒤 율동과 노래 준비한다.)

리듬악보 빨간 모자 1

#1 여는 노래

#2 엄마와 빨간 모자의 대화

(엄마)
C F C G
빨 간 모 자 야 빨 간 모 자 야 할 머 니 께 서 편 찮 으 시 니
큰북/심벌즈
탬버린
작은북
C F G C
할 머 니 댁 에 다 녀 오 너 라 한 눈 팔 – 지 말 고
큰북/심벌즈
탬버린
작은북
(엄마) (빨간 모자) (엄마) (빨간 모자)
F F C G
숲 속 에 서 (숲 속 에 서) 늑 대 가 (늑 대 가) 나 타 날 지 모 – 르 – 니
큰북/심벌즈
탬버린
작은북

C Dm E F G C
한 눈 팔 지 말 고 조 심 조 심 다 녀 오 – 너 라
큰북/심벌즈
탬버린
작은북
(빨간 모자)
C G
알 – 겠 어 요 걱 정 마 세 요 늑 대 를 조 심 할 게 요
큰북/심벌즈
탬버린
작은북
C F G C
한 눈 팔 지 말 고 조 심 조 심 잘 다 녀 올 게 요 (엄 마 안 녕)
큰북/심벌즈
탬버린
작은북

#3 숲 속에 있는 빨간 모자

(빨간 모자)
F C C7 Dm
아 름 다 운 숲 속 이 야
B♭ F G C
초 록 빛 나 무 좀 봐 –
F C C7 Dm
향 기 로 운 들 꽃 으 로
큰북/심벌즈
탬버린
작은북

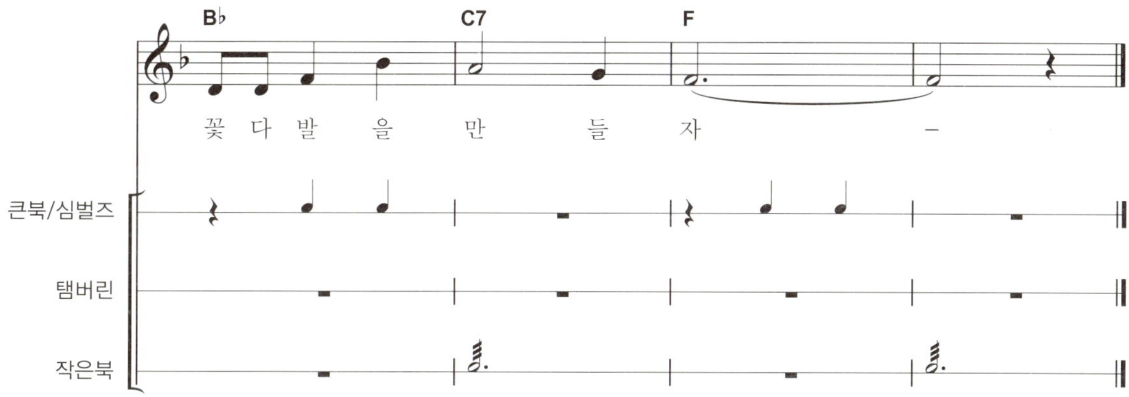

#4 늑대 등장 – 빨간 모자와의 대화

(늑대가 빨간 모자에게 다가서며)
B♭ Am D C B♭ C
빨 간 모 자 야 어 디 가 니 어 디 를 가 니
큰북/심벌즈
탬버린
작은북
(빨간 모자)
B♭ Am Dm G C F
할 머 니 아 파 서 병 문 안 가 는 길 이 야
큰북/심벌즈
탬버린
작은북
(늑대)
Dm
(빨간 모자)
Dm
할 – 머 니 집 이 어 디 지 숲 – 너 머 너 머 있 단 다
천 – 천 히 예쁜 꽃 따 오 렴 나 – 먼 저 먼 저 갈 테 니
큰북/심벌즈
탬버린
작은북

#5 늑대가 할머니 잡아먹기 – 도착한 빨간 모자 – 빨간 모자 잡아먹기

(빨간 모자로 변장한 늑대)

(빨간 모자)
C G C G F F♯ G
똑 똑 똑 할 머 니 빨 간 모 자 왔 어 요
큰북/심벌즈
탬버린
작은북
C F G
맛 - 있 는 케 익 과 주 스 가 져 왔 어 요
큰북/심벌즈
탬버린
작은북
(할머니로 변장한 늑대)
F E Am G C
어 서 오 렴 빨 간 모 자 문 은 열 려 있 단 다
큰북/심벌즈
탬버린
작은북

#6 사냥꾼의 노래

(사냥꾼)
F G A C7
나 는 사 냥 꾼 (피융) 나 는 사 냥 꾼 (피융) 용 감 한 사 냥 꾼 이 다
큰북/심벌즈
탬버린
작은북
F G C7 F
늑 대 쯤 이 야 상 대 가 안 돼 멋 진 사 냥 꾼 이 다
큰북/심벌즈
탬버린
작은북
G A Dm C B♭ C7
이 상 하 다 이 상 해 할 머 니 소 리 가 아 냐
큰북/심벌즈
탬버린
작은북

B♭ Dm/A Dm G C7 F
드 릉 드 릉 쿨 쿨 쿨 늑 대 소 리 할 머 니 를 구 해 내 자
큰북/심벌즈
탬버린
작은북

#7 돌을 넣자

(합창단)

C G
한 덩 이 두 덩 이 돌 을 넣 자 늑 대 뱃 속 에 몰 래 몰 래
큰북/심벌즈
탬버린
작은북

C G
세 덩 이 네 덩 이 돌 을 넣 자 늑 대 가 깨 기 전 에
큰북/심벌즈
탬버린
작은북

#8 감사합니다 – 합창단

(할머니, 빨간 모자, 합창단)

#9 닫는 노래

C Dm Em Am G F F♯ Gsus4 G7
구 해 냈 죠 구 해 냈 죠 할 머 니 와 빨 간 모 자 –
큰북/심벌즈
탬버린
작은북
C Dm Em Am G G C C7
늑 대 는 우 물 속 에 빠 지 고 말 았 어 요
큰북/심벌즈
탬버린
작은북
F Em Am G Dm C G
깡 총 깡 총 토 끼 와 함 께 훨 훨 나 는 나 비 들 과 함 께
큰북/심벌즈
탬버린
작은북

C
Dm
Em
Am
G
C
빨 간 모 자 행 복 해 요 이 다 음 에 다 시 만 나 요
큰북/심벌즈
탬버린
작은북

3. 팥죽 할머니와 호랑이(전래동화)

동화 줄거리

출처 : 팥죽 할머니와 호랑이
조대인 글 /
최숙희 그림 |
보림출판사

팥밭을 매며 산속에서 혼자 사는 할머니가 어느 날 호랑이를 만났어요. 호랑이는 할머니와 말도 안 되는 팥밭 매기 내기를 하자고 하지요. 결국 내기에 이긴 호랑이는 할머니를 잡아먹으려 하지만 할머니는 동짓날 팥죽 먹고 잡아먹히겠다고 약속하지요. 날마다 울면서 팥밭을 매고 살아가던 할머니는 알밤, 자라, 쇠똥, 송곳, 절구, 멍석, 지게의 재치 있는 도움을 받고 호랑이를 물리치게 되었답니다.

주제망

동화『팥죽 할머니와 호랑이』를 듣고 동화책의 내용을 주제망으로 구성해 본다.

T : 이 동화에는 누가 나왔니?

C : 할머니랑 호랑이, 알밤, 자라…

T : 그래서 무슨 일이 일어났지?

C : 호랑이가 할머니랑 팥밭 매기 내기를 했는 데 할머니가 졌어요, 알밤이 아궁이에 있다가 따닥하고 호랑이를 딱 때렸어요.

팥죽 할머니와 호랑이

〈등장인물〉
할머니, 호랑이, 알밤, 자라, 송곳, 쇠똥, 멍석, 지게, 절구

〈장소〉
팥밭, 할머니 집-부엌, 마당

〈일어난 일〉
팥밭에 호랑이가 나타남, 밭매기 내기를 함, 알밤과 다른 친구들이 할머니에게 팥죽을 얻어 먹음, 호랑이를 물리침

〈특징〉
할머니-약함
호랑이-무서움
알밤과 친구들-지혜로움

〈동짓날〉
팥죽 먹기
밤이 가장 긴 날

〈팥〉
팥의 색
팥으로 만든 음식
팥의 효능

등장인물 분석

대그룹 혹은 소그룹 이야기 나누기를 통해 『팥죽 할머니와 호랑이』 동화의 등장인물들에 대한 분석을 한다.

T : 알밤과 친구들은 어떤 것 같니?

C : 잘 도와줘요, 지혜로운 것 같아요...

T : 알밤은 무슨 일을 했니?

C : 아궁이에 있다가 호랑이 머리를 따닥 맞혔어요...

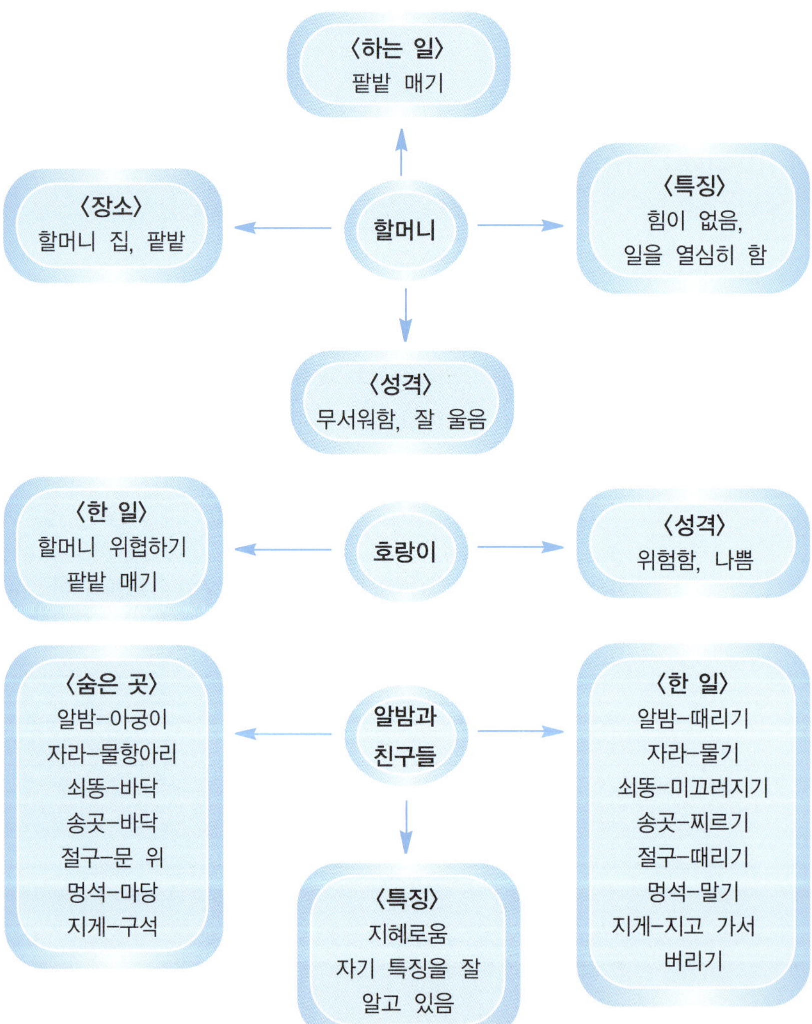

음악극본 팥죽 할머니와 호랑이

▶ 김명정 요 · 곡

등장인물 : 할머니, 호랑이, 알밤, 자라, 쇠똥, 송곳, 절구, 멍석, 지게

#1 여는 소리-판소리꾼(일어나서 소리한다)

옛날 옛날 깊~은 산속에 꼬부랑 할머니가 살았는데(고수 & 합창단 : 얼쑤-쿵딱으로 북 치기)

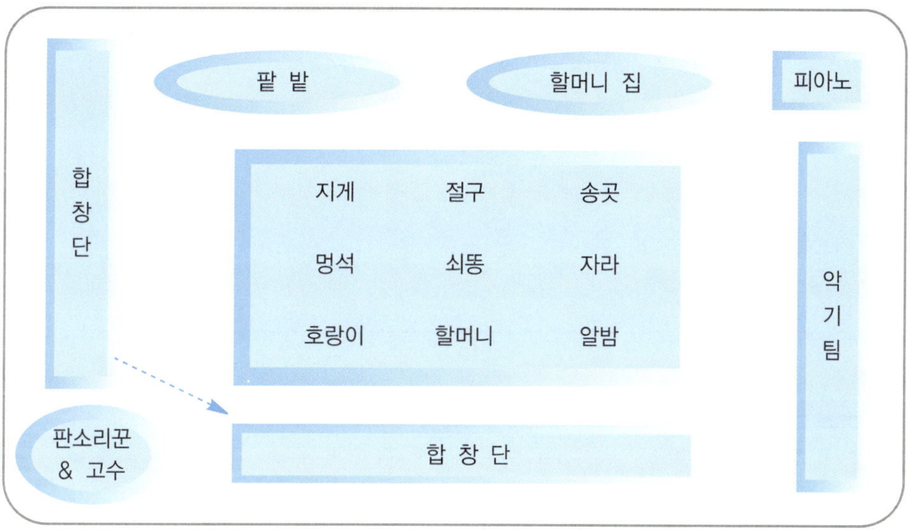

#2 여는 노래

(반주가 시작되기 전 합창단은 무대 가운데에서 율동을 준비한다. 등장인물은 무대 뒤편에서 율동과 노래를 함께 한다)

#3 할머니 밭매기 노래

(반주가 시작되면 합창단은 제자리로 들어가고 할머니는 미리 준비되어 있던 밭고랑 무대 위에 앉아 밭매는 흉내를 내며 노래한다.)

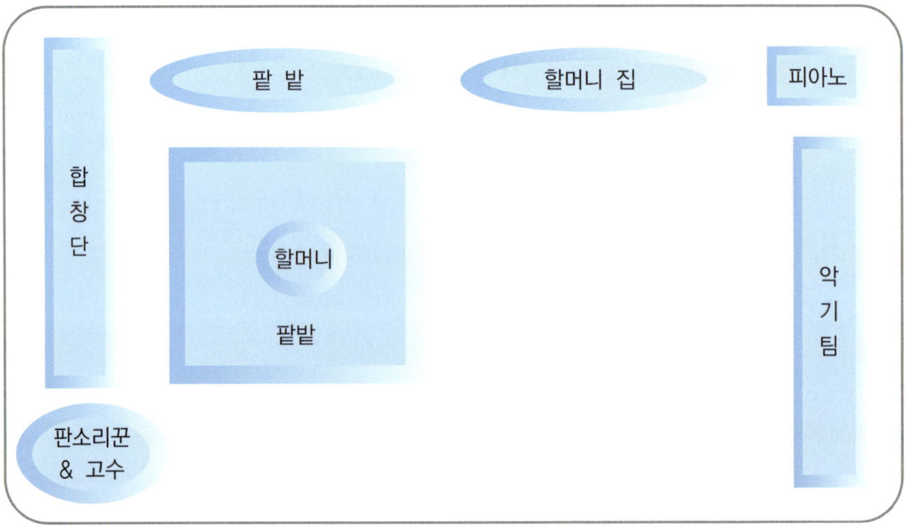

#4 호랑이 등장-판소리꾼(일어나서 소리한다.)

그때 호랑이란 놈이 할머니를 지켜보고 있었으니(고수 & 합창단 : 큰일났네!)

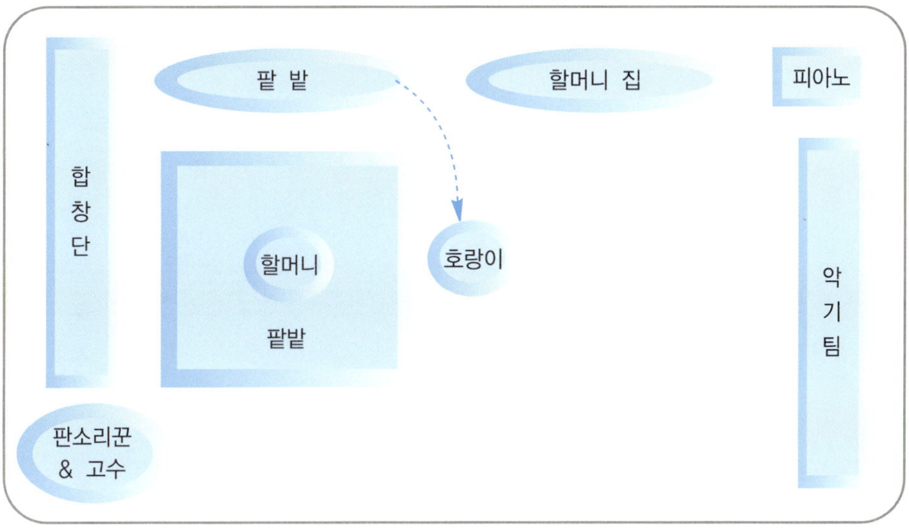

(고수의 북소리에 맞추어 호랑이는 어슬렁거리며 뒷짐 진 큰 걸음으로 할머니 밭 옆쪽으로 나온다.)

#5 호랑이와 할머니 내기 노래

(반주가 시작되면 할머니는 호랑이와 나란히 서서 노래한다. 호랑이 노래부분은 손짓으로 위협하며 노래하도록 한다.)

#6 팥밭 매기 노래-할머니 vs 호랑이

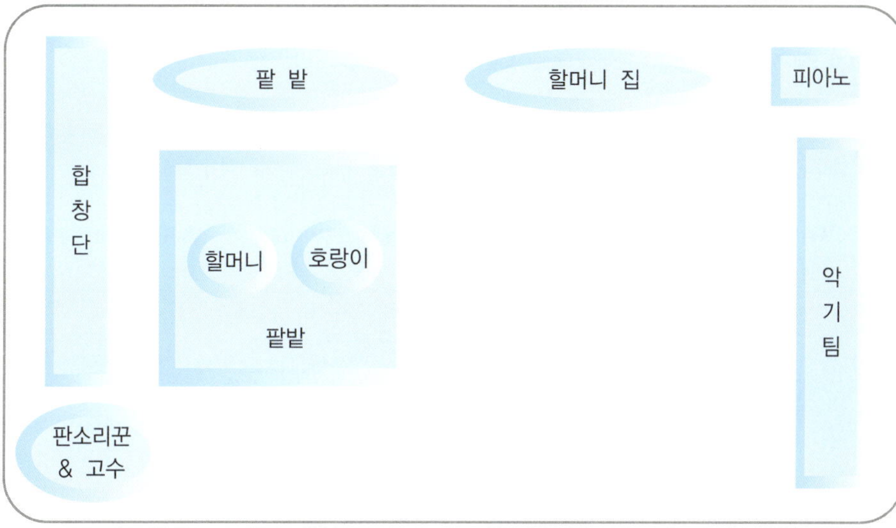

(반주가 시작되면 호랑이와 할머니는 밭고랑에 나란히 앉아 밭매는 흉내를 낸다.)

#7 판소리꾼(일어나서 소리한다.)

아이고~내기에 진 할머니는 동짓날 팥죽 먹고 잡혀먹겠다 하는데...
(고수 : 아이고 / 합창단 : 큰일났네 큰일났어)

(판소리꾼의 소리에 맞게 할머니는 호랑이를 보고 빌고 호랑이는 고개를 끄덕이다 팥밭 배경 뒤로 들어간다. 호랑이가 들어가면 할머니도 팥밭 배경 뒤로 들어간다.)

어느 덧 가을이 되어 할머니 집에서 한바탕 놀이가 펼쳐졌구나(고수 & 합창단 : 펼쳐졌구나)

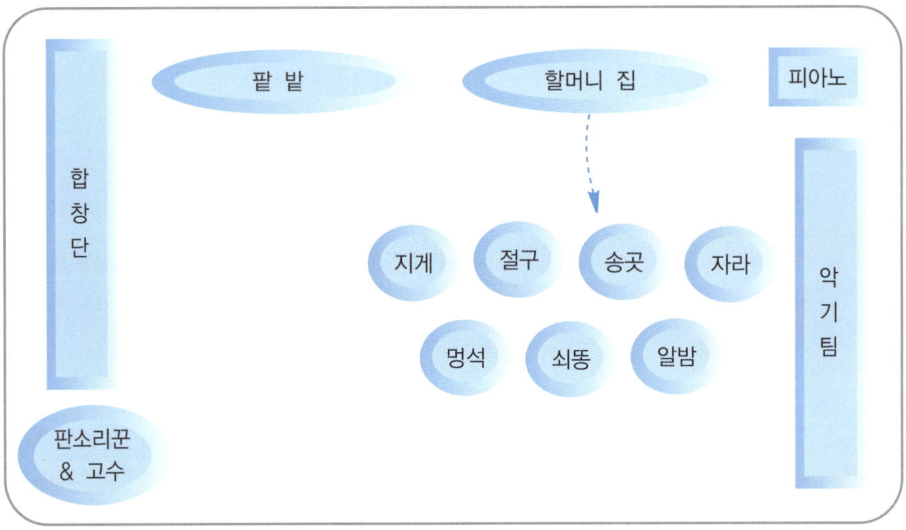

(판소리꾼의 소리에 맞게 알밤, 쇠똥, 멍석, 자라, 송곳, 절구, 지게들은 할머니집 배경에서 나와 무대 앞에 앉는다.)

#8 자기 소개

(자기 순서가 되면 자리에 서서 율동한다. 자기 차례가 지나면 다시 앉는다.)

#9 판소리꾼(일어나서 소리한다.)

참~재미있게 노는구나, 이때 어디선가 우는 소리가 들렸으니

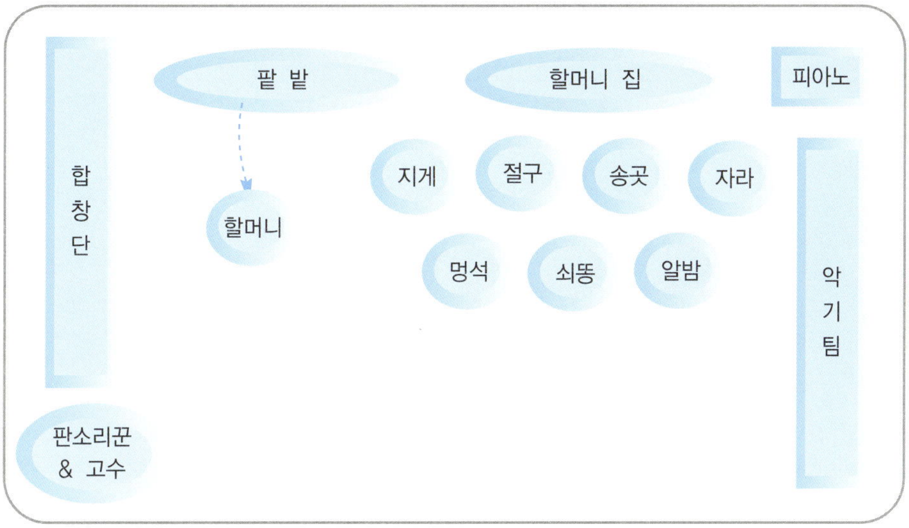

(소리가 시작되면 할머니 조용히 나와 무대 중앙에 위치한 뒤 우는 흉내를 낸다.)

#10 도와줄게요

(반주가 시작되면 알밤과 친구들은 제자리에 일어나서 율동을 준비한다.)

#11 팥죽 먹고 숨기

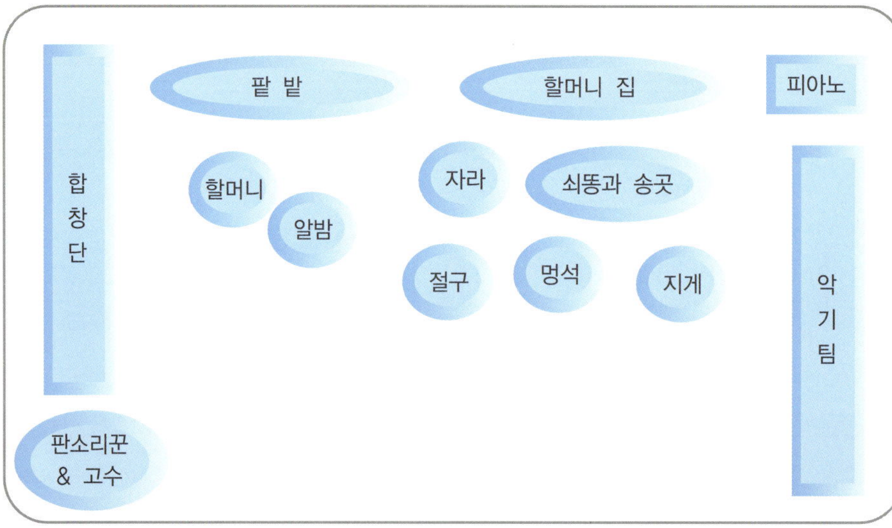

(사물놀이가 시작되면 각자 자기 순서대로 할머니에게 와서 팥죽을 얻어먹고 자기 위치로 가서 숨는다. 이때 비슷한 배경 앞에 가서 자리하도록 한다.)

#12 판소리꾼(일어나서 소리한다.) #13 호랑이 등장

모두 다 숨었구나(고수 : 지화자/ 합창단 : 좋다)
이때 호랑이란 놈이 어슬렁 어슬렁 오고 있는데...

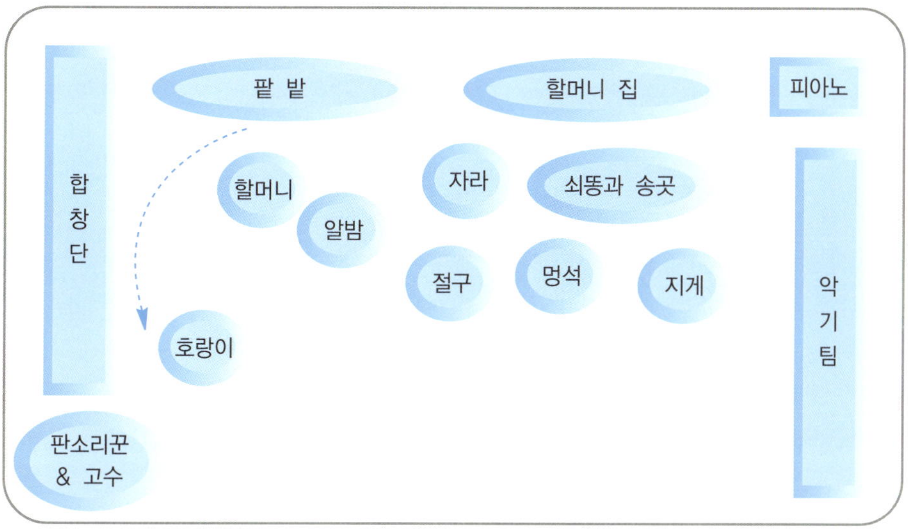

(소리에서 호랑이 부분이 나오면 호랑이는 북장단에 맞추어 어슬렁거리며 등장한다.)

#14 불좀 쬐세요-할머니

(할머니 무대 앞쪽에서 호랑이와 마주보고 노래한다.)

#15 모두 출동!

판소리 : 호랑이 따뜻한 아궁이쪽으로 다가서자,,, 드디어 시작이로구나
(고수 &합창단 : 시작이로구나!)

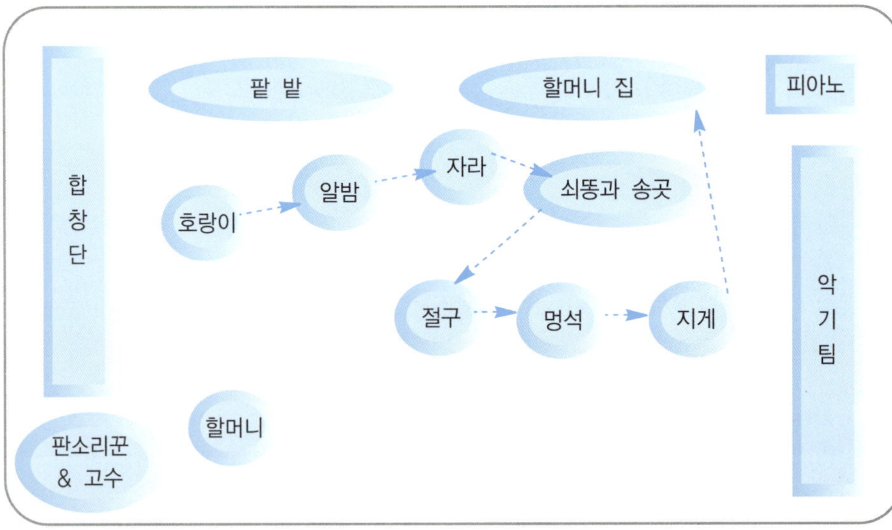

(호랑이는 반주가 시작되면 알밤과 친구들을 차례로 지나며 봉변 당하는 흉내를 낸다. 마지막에 지게는 호랑이를 잡아 할머니 집 배경 뒤로 보낸다.)

#16 닫는 노래

(반주가 시작되기 전 합창단은 무대 가운데에서 율동을 준비한다. 호랑이도 할머니집 배경에서 나와 자리에 위치한다. 등장인물은 무대 뒤편에서 율동과 노래를 함께 한다)

리듬악보 팥죽 할머니와 호랑이

#1 여는 소리-판소리꾼(일어나서 소리한다)

옛날 옛날 깊~은 산속에 꼬부랑 할머니가 살았는데(고수 & 합창단 : 얼쑤-쿵딱으로 북 치기)

#2 여는 노래

#3 할머니 밭매기 노래

#4 호랑이 등장–판소리꾼(일어나서 소리한다.)

그때 호랑이란 놈이 할머니를 지켜보고 있었으니 (고수 & 합창단 : 큰일났네!)

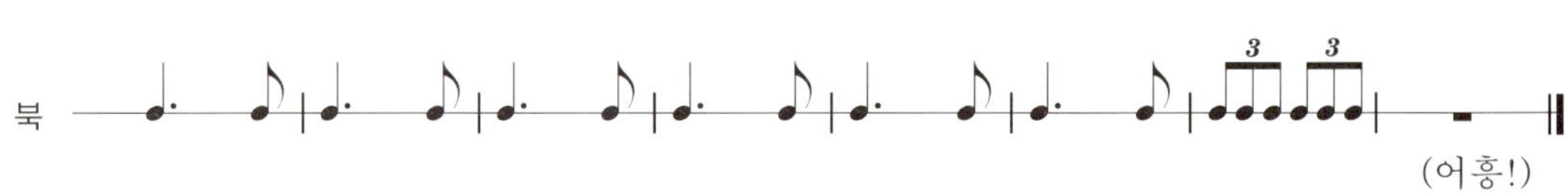

#5 호랑이와 할머니 내기 노래

#6 팥밭 매기 노래 – 할머니 VS 호랑이

#7 판소리꾼(일어나서 소리한다)

아이고~내기에 진 할머니는 동짓날 팥죽 먹고 잡혀먹겠다 하는데…
(고수 : 아이고 / 합창단 : 큰일났네 큰일났어)
어느 덧 가을이 되어 할머니 집에서 한바탕 놀이가 펼쳐졌구나(고수 & 합창단 : 펼쳐졌구나)

#8 자기 소개

#9 판소리꾼(일어나서 소리한다)

참~재미있게 노는구나, 이때 어디선가 우는 소리가 들렸으니

#10 도와줄게요

#11 팥죽 먹고 숨기

#12 판소리꾼(일어나서 소리한다)

모두 다 숨었구나(고수 : 지휘자/ 합창단 : 좋다)
이때 호랑이란 놈이 어슬렁 어슬렁 오고 있는데...

#13 호랑이 등장

#14 불 좀 찌세요

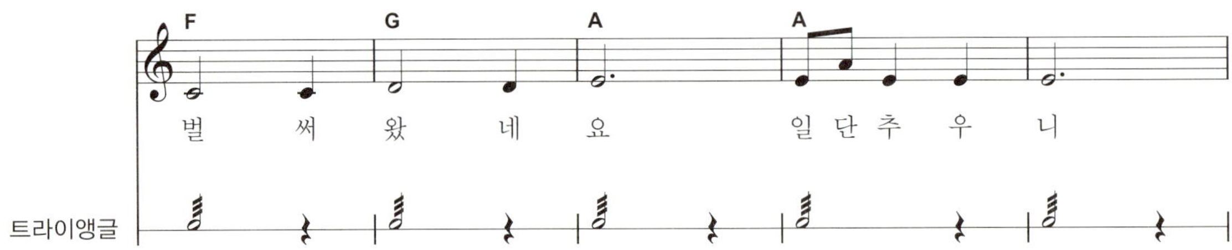

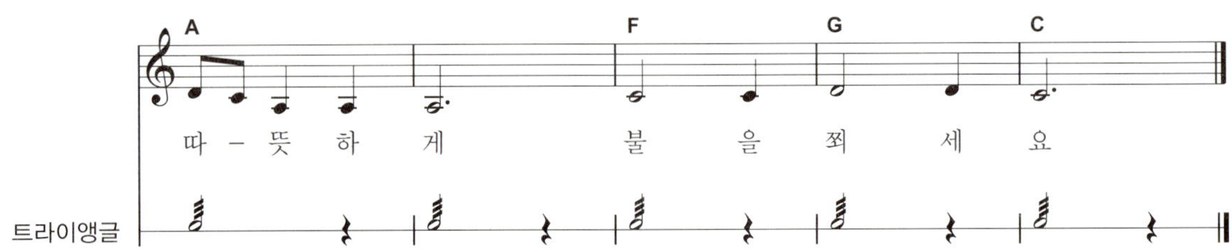

#15 모두 출동!

판소리 : 호랑이 따뜻한 아궁이쪽으로 다가서자... 드디어 시작이로구나
(고수 &합창단 : 시작이로구나!)

#16 닫는 노래

F B♭/G C E
옛 날옛 날 한 옛 날–에 팥 죽할 머니 살 았는 데
징
장구
꽹과리
북
F B♭/G B♭/C F
매 일매 일 팥밭을 매–서 살 았대 요 –
징
장구
꽹과리
북

4. 바닷물고기 덩치(창작동화)

동화 줄거리

출처 : 바닷물고기 덩치
정대영 지음 |
보림출판사

바닷물고기 덩치는 아무거나 잘 먹는 먹보였어요. 깡통도 신발도 모두 먹어치웠지요. 덩치는 배불러서 잠깐 잠이 들었지요. 그때 잠에서 깬 덩치는 배가 몹시 아팠답니다. 그래서 친구 물고기들과 고래 의사선생님을 만나러 갔어요.

고래 의사선생님은 사람들이 쓰레기를 바닷속에 함부로 버리고, 그것들을 물고기들이 먹어서 배가 아픈 것이라고 말씀해 주셨어요.

다음 날 덩치는 바다를 깨끗이 청소했고, 이것을 본 친구 물고기들도 함께 힘을 모아 바닷속을 깨끗이 청소했답니다.

주제망

교사와 유아들은 동화 『바닷물고기 덩치』를 듣고 동화책의 내용을 주제망으로 구성해 본다.

T : 『바닷물고기 덩치』 동화 속에는 누가 나왔니?

C : 덩치요. 고래 의사선생님도 나왔어요.

T : 덩치에게 무슨 일이 일어났었지?

C : 쓰레기를 많이 먹어서 배가 아팠어요.

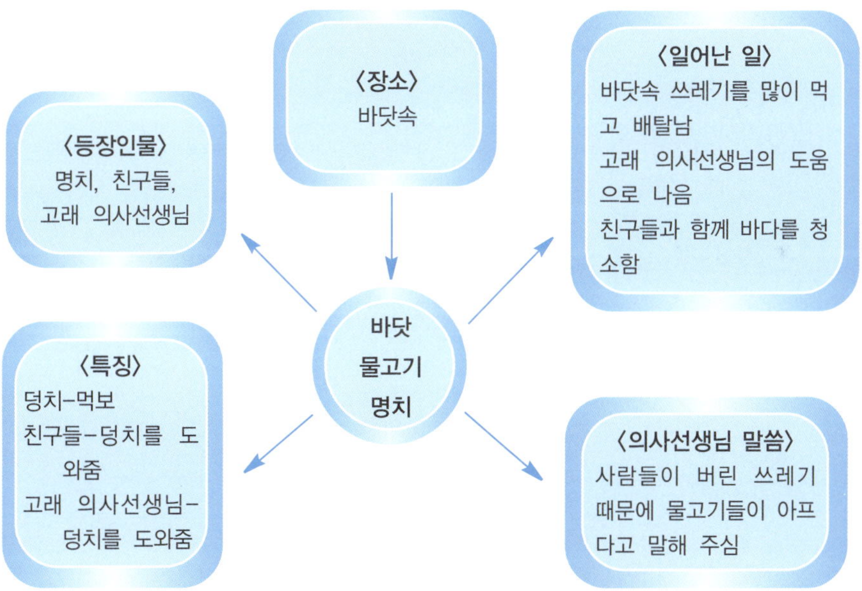

등장인물 분석

『바닷물고기 덩치』 동화를 듣고 대집단 혹은 소집단으로 모여 등장인물들에 대한 분석을 한다.

T : 덩치는 어떤 것 같니?

C : 뭐든지 먹어치우는 먹보예요. 욕심쟁이 같아요.

T : 덩치의 물고기 친구들은 어떤 것 같니?

C : 덩치가 아플 때도 도와주고, 청소하는 것도 도와주는 착한 친구들이에요.

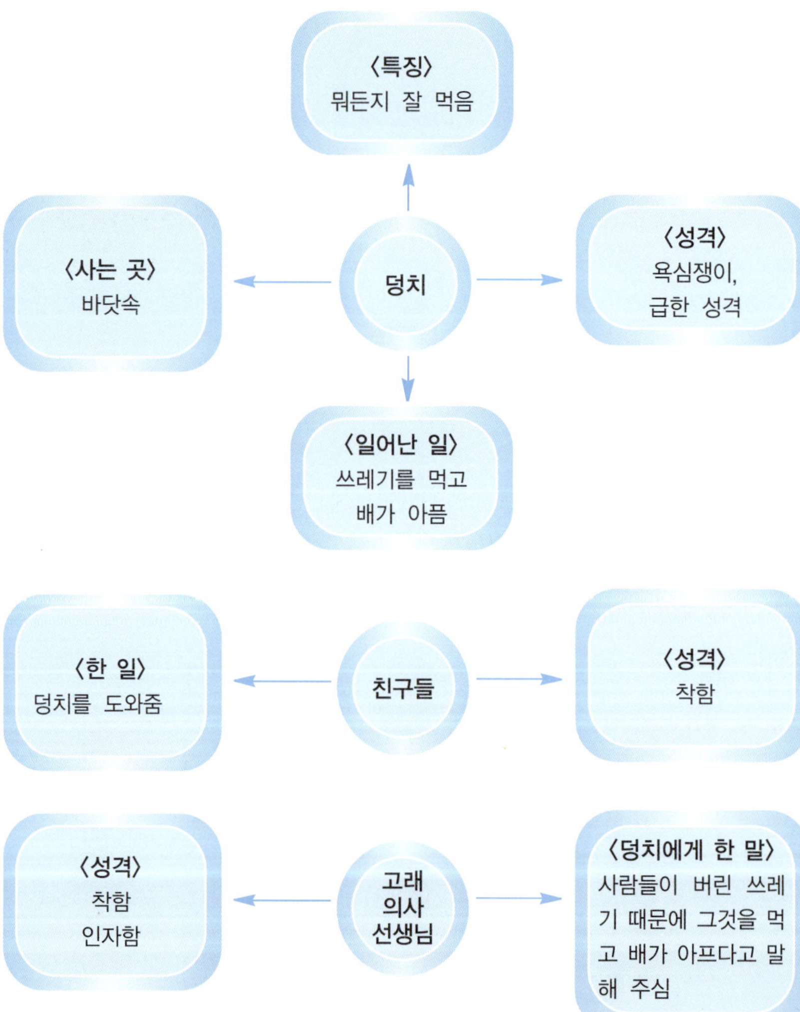

음악극본 바닷물고기 덩치

▶ 박경숙 요 · 곡

등장인물 : 덩치, 물고기 친구들(6), 고래 의사선생님

#1 여는 노래

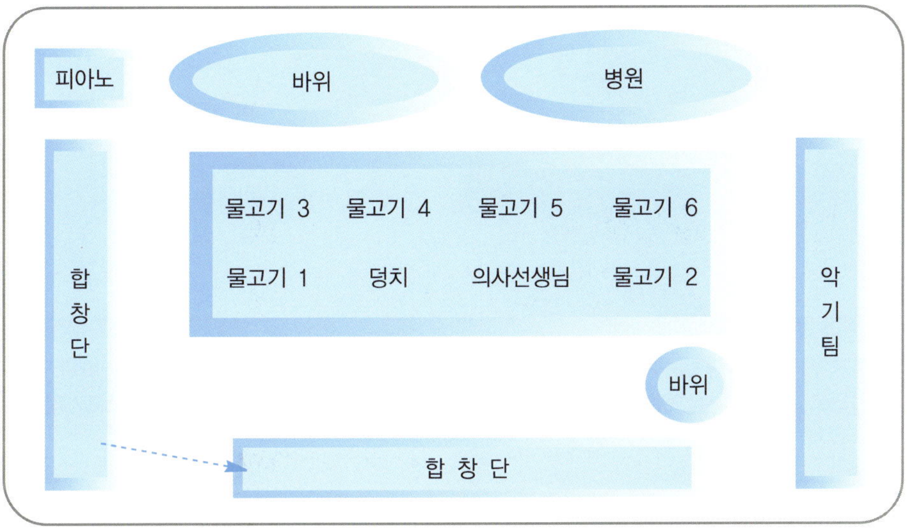

(반주가 시작되기 전 합창단은 무대 가운데에서 율동을 준비한다. 등장인물은 무대 뒤편에서 율동과 노래를 함께 한다)

#2 덩치 노래

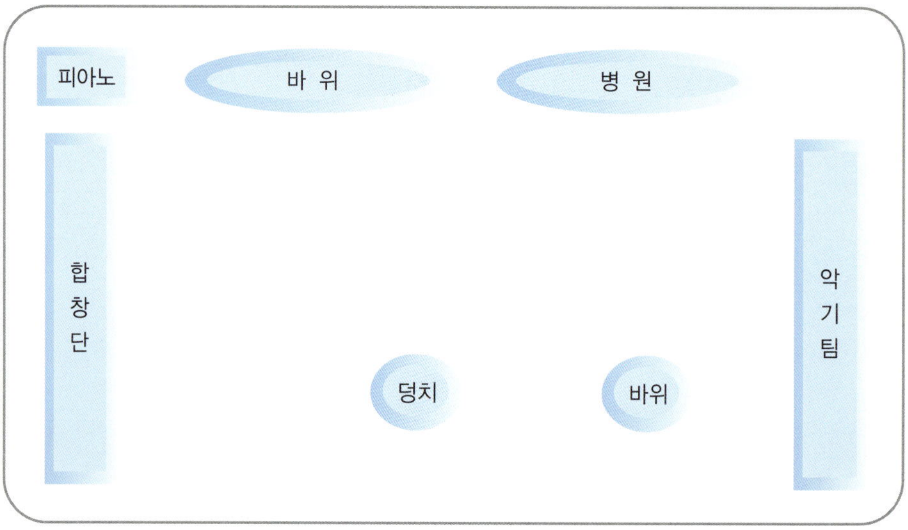

(반주가 시작되면 덩치는 가운데 서서 노래와 율동을 준비한다. 나머지 친구들은 바위 뒤에 숨어 있고, 고래 의사선생님은 병원 뒤에 숨는다. 노래가 나오면 오른쪽 왼쪽을 오고가며, 동작을 크게 하며 율동한다.)

#3 무엇이든 잘 먹는 덩치－합창

(반주가 시작되면 합창단은 덩치 뒤로 나와서 움직이면서 노래하고 들어간다. 이때 덩치는 바닥에 있는 깡통과 신발을 먹는 시늉을 한다. 그리고는 바위에 기대어 잠든다.)

#4 배가 아파요 － 덩치

(반주가 시작되면 덩치는 자리에서 일어나 배가 아픈 모습을 하며 노래를 부른다. 노래가 끝나면 바위에 기대어 배를 주무른다.)

#5 병원 가요－친구 물고기

(반주가 시작되면 바위 뒤에서 친구 물고기들이 나온다. 물고기들은 중앙으로 가서 덩치를 바라보며 노래와 율동을 준비한다.)

#6 고래 의사선생님과의 만남

(고래 의사선생님은 병원에서 앞으로 나와 친구 물고기와 덩치 사이에 선다. 친구 물고기와 의사선생님과 덩치는 노래와 율동을 준비한다. 합창단은 1절을 노래하며, 의사선생님은 2절을 노래한다. 노래를 마치면 친구 물고기와 고래 의사선생님은 병원과 바위 뒤에 숨는다.)

#7 덩치 다음 날-합창단

(합창단은 제자리에서 노래하며, 덩치는 일어나 노래와 율동을 준비한다.)

#8 덩치와 친구들의 청소

(친구들은 바위 뒤에서 나와 덩치와 함께 노래와 율동을 준비한다.)

#9 닫는 노래

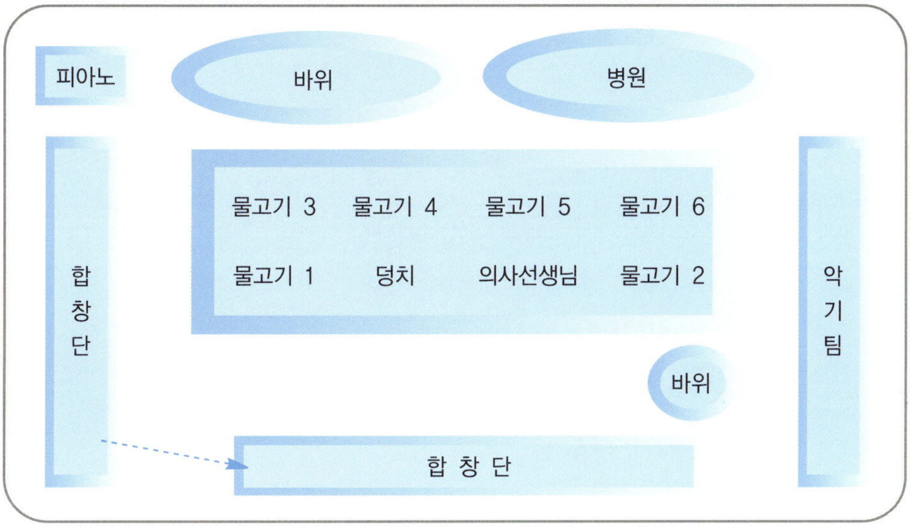

(반주가 시작되기 전 합창단은 무대 가운데에서 율동을 준비한다. 등장인물은 무대 뒤편에서 율동과 노래를 함께 한다)

리듬악보 바닷물고기 덩치

#1 여는 노래

Am
F
G
C
바 다 를 지 켜 주 – 세 요
우드블록
탬버린
트라이앵글

#2 덩치 노래

D
D
뽀글뽀글뽀글뽀글 여기는바닷속 뽀글뽀글뽀글뽀글 나는야덩 – 치
우드블록
탬버린
트라이앵글

D A D D A D
뭐 맛있는게 없 을 까 난 언 제나 배 고 파
우드블록
탬버린
트라이앵글

#3 무엇이든 잘 먹는 덩치-합창

#4 배가 아파요-덩치

Am
G#/E
Am
아 이 고 배 야 아 이 고 배 배 가 너 무 아 파 요
우드블록
탬버린
트라이앵글

#5 병원 가요 – 친구 물고기

C
F
뭐 –든 지잘 도먹 던 덩 –치 가 많 이먹 어배 –탈 이 났 나봐 요
우드블록
탬버린
트라이앵글

G
C
G
C
고 래의 사 선생 님 병 원으 로 출– 발!
우드블록
탬버린
트라이앵글

#6 고래 의사선생님과의 만남

#7 덩치 다음날 – 합창단

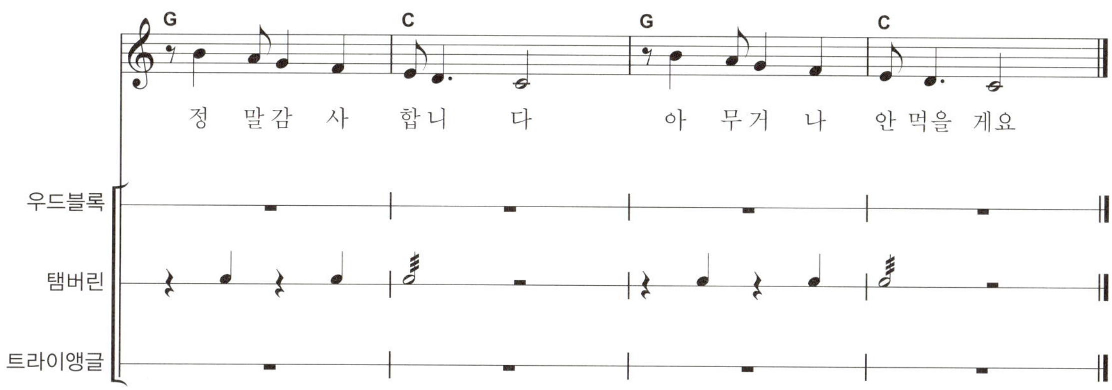
G C G C
정 말감 사 합니 다 아 무거 나 안 먹을 게요
우드블록
탬버린
트라이앵글

#8 덩치와 친구들의 청소

(친구들)
F
(덩치)
C
어머덩치야 뭐하고있니 바 다를깨끗이 청 소 해
우드블록
탬버린
트라이앵글

(다같이)
C F F F
그래우리도 도 와줄게 깨 끗한바다를 만들어보자
우드블록
탬버린
트라이앵글

#9 닫는 노래

C G
맑 고 푸 른 바 다 살 아 숨 쉬 는 곳 많 은
우드블록
탬버린
트라이앵글
A F F#
물 고 기 들 이 살 고 있 죠 푸 른
우드블록
탬버린
트라이앵글
C G C
지 구 별 에 넘 실 거 리 는 곳 푸 른
우드블록
탬버린
트라이앵글

A F G C
바 다 를 지 켜 주 – 세 요
우드블록
탬버린
트라이앵글

5. 빨간 모자 2(유아들과 함께 만든 창작 음악극)

유아들이 음악극을 만들 수 있을까? 결론부터 말하면 유아들도 음악극을 만들 수 있다. 음악극을 경험해 본 유아들은 음악극에 대한 이미지나 구성 등이 내면화되고 생각 속에 인지되어 있기 때문에 창작을 시도해 볼 수 있다. 지금부터 제시하는 『빨간 모자』 음악극은 서울 동작구 상도동에 위치한 무지개유치원 만 5세 유아들이 직접 참여하여 창작한 음악극이다. 음악극 활동 전개과정 속에서 실제로 이루어진 상호작용들과 유아들에 의해 창작된 악보들을 제시하고자 한다. 전개과정을 통해 교육현장에 있는 모든 교사들이 창작의욕과 능력이 충분히 갖추어져 있는 유아들과 함께 음악극 창작을 시도했으면 하는 바람이다. 『빨간 모자』 음악극 만들기의 과정은 다음과 같다.

〈표 1〉 창작 음악극 만들기 과정

음악극 제목	빨간 모자			
목 표	『빨간 모자』 동화를 기초로 창작 음악극을 만든다.			• 음악극 요소
활동과정 및 내 용	1주	음악극 계획하기	• 동화 선정 • 동화 듣기 • 주제망 구성	• 언어적 요소
	2주	통합 활동하기	• 등장인물 분석 • 장면 나누기 • 노랫말 만들기 • 노래 만들기 • 동작 만들기 • 역할 정하기 • 소품 만들기	• 언어적 요소 • 음악적 요소 • 신체적 요소 • 미술적 요소
	3주	공연 및 평가하기	• 연습하기 • 공연 및 평가하기 • 저널 쓰기	• 연출적 요소 • 언어적 요소 • 신체적 요소
특 징	• 만 5세 유아 대상 • 『빨간 모자』 동화에 기초함 • 통합적 음악극 요소에 기초함 • 해설과 대사를 노래로 표현			

1) 음악극 계획하기

음악극 계획하기는 음악극 활동이 구체적으로 계획되는 단계이다. 음악극 계획하기에서는 동화를 선정하여 동화를 듣고, 이야기의 내용을 회상하며 브레인스토밍을 통해 주제망을 구성하는 활동과정이 포함된다. 음악극 계획하기에서 실행된 활동과정은 다음과 같다.

(1) 동화선정

C1 : 선생님 다음 음악극은 뭐예요?
T : 다음 음악극은 무엇으로 할까?
C2 : 선생님, 이번에는 우리가 음악극을 만들어 봐요.
T : 너희들이 음악극을 만들어 본다고?
C3 : 네. 선생님이 노래 지을 때 조금만 도와주시면 되잖아요.
T : 그럼 어떤 동화로 음악극을 만들고 싶니?
C4 : (다양한 동화와 제안 이유 설명) 음악극하고 싶은 동화가 너무 많으니까 투표로 결정해요.

유아들의 협의 결과 음악극을 만들기 위한 동화로 『빨간 모자』가 결정되었다. 유아들이 『빨간 모자』를 선정한 이유는 등장인물의 수가 많아서, 재미있으니까, 많이 알고 있는 동화라서, 쉬울 것 같아서, 『빨간 모자』 주인공이 되고 싶어서, 노랫말과 노래를 잘 지을 수 있을 것 같아서 등이었다.

(2) 동화 듣기

『빨간 모자』는 유아들이 잘 알고 있는 동화이지만 음악극을 구성하기 위해 내용을 더욱 자세히 알 필요가 있었다. 또한 다양한 내용으로 각색, 출판된 동화여서 한 가지 내용으로 통일할 필요가 있었다. 그래서 교실 도서영역에 있는 『빨간 모자』(웅진출판사, 2003) 동화를 그림 동화로 제작해 동화를 들려준 후 음악극을 만들어 보기로 했다.

C1 : 어? 우리 집에 있는 동화랑 내용이 조금 다른데? 등장인물이 더 많아.
C2 : 아니야 우리 집에 있는 건 똑같아.

T : 그래. 『빨간 모자』 동화는 워낙 유명한 동화라 내용도 조금씩 다른 것이 많은 것 같아.

C1 : 그러면 우리 반에서 지금 듣는 것으로 만들어요.

유아들은 사전 음악극 경험을 통해 음악극 교수과정을 잘 알고 있어서 동화를 들으면서도 다음 순서가 무엇인지 이야기하기도 했다.

C1 : 동화를 들은 다음에 분석할거죠?

C2 : 잘 들어야겠다. 기억해.

(3) 브레인스토밍을 통한 주제망 구성

동화를 듣고 이야기의 줄거리를 회상하며 브레인스토밍을 통해 주제망을 구성하는 것은 음악극 창작을 위한 매우 중요한 과정이다. 주제망은 음악극 전체의 흐름을 파악하며 장면을 설정하는 데 있어서 필수적이고 전체적인 계획은 물론 세부적인 계획을 설정하는 활동 단계에서 유아들의 이해를 돕는 단서가 되기도 한다. 동화를 들은 뒤 유아들이 구성한 주제망은 다음과 같다

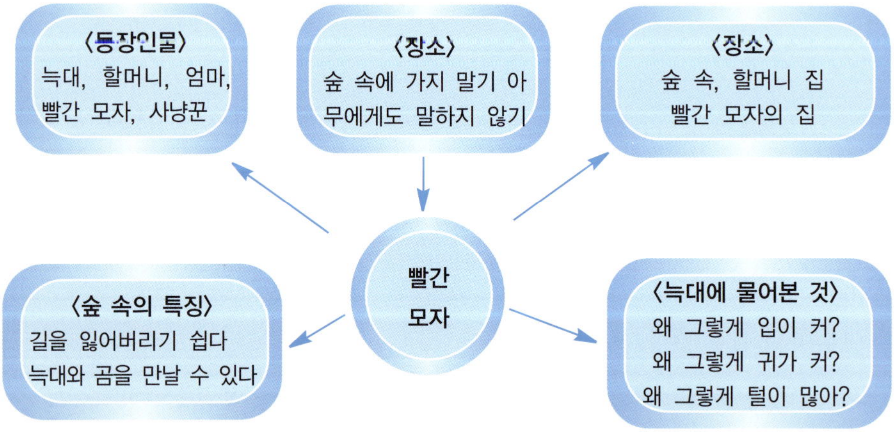

[그림 6] 동화에 대한 생각 모으기 및 유목화 예시

2) 통합 활동하기

통합 활동하기 단계는 음악극의 계획에 따른 실질적인 활동이 통합적으로 진행되는 단계이다. 등장인물 분석, 장면 나누기, 노랫말 만들기, 노래 만들기, 동작 만들기, 역할 정하기, 소품 만들기의 활동이 포함된다. 통합 활동하기에서 실행된 활동은 다음과 같다.

(1) 등장인물 분석도

음악극에 나오는 등장인물에 대한 관찰과 분석과정을 통하여 유아들은 음악극 연습과 공연 시 각 등장인물의 특성 및 상황에 몰입하고 감정이입하여 신체로 또는 노래로 표현하게 된다. 등장인물 분석도에는 등장인물의 성격 및 특성, 사는 곳, 좋아하는 것, 싫어하는 것 등의 내용이 포함되며 주로 3~4명의 유아들이 소그룹으로 모여 구성하였다. 구성된 분석도는 대그룹 모임 시 조별로 발표하였으며 공통적으로 제시된 것을 중심으로 최종적인 등장인물 분석도가 정해지게 된다. 『빨간 모자』 동화에 나오는 빨간 모자, 늑대, 할머니, 사냥꾼에 대한 등장인물 분석도는 다음과 같다.

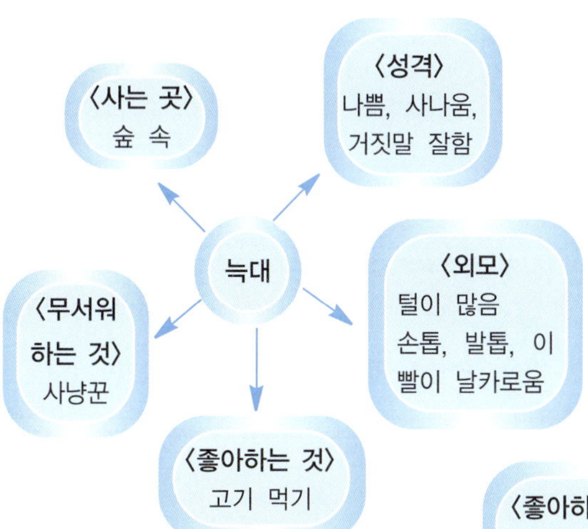

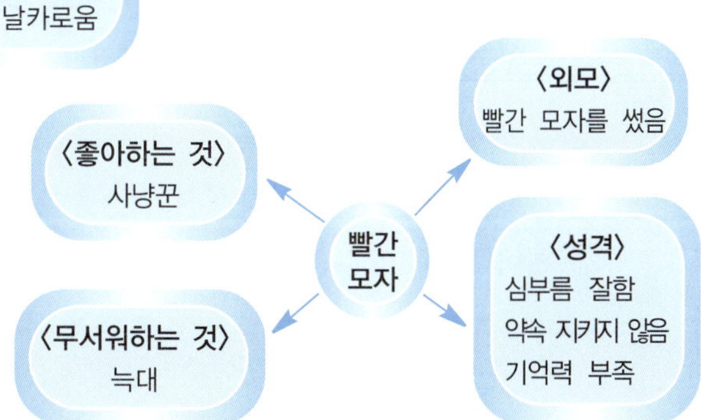

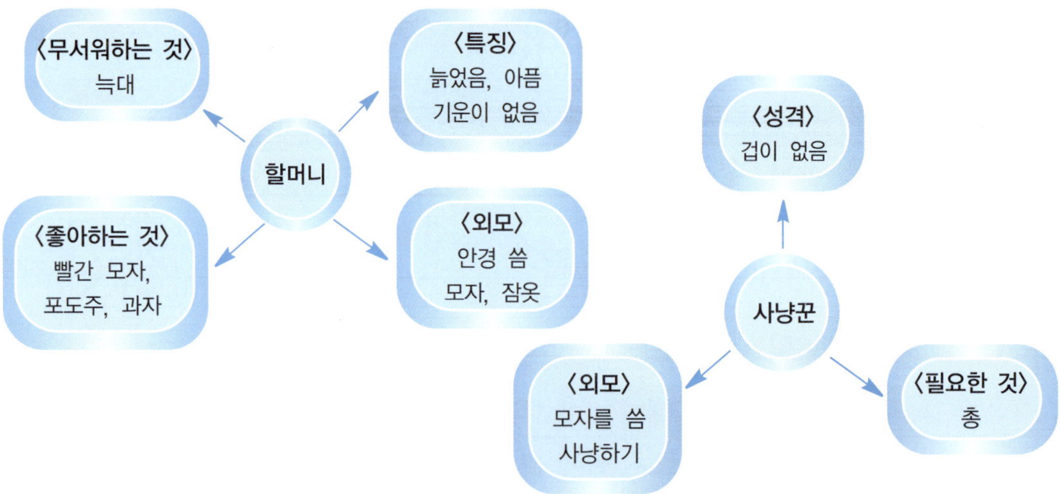

[그림 7] 등장인물 분석도 예시

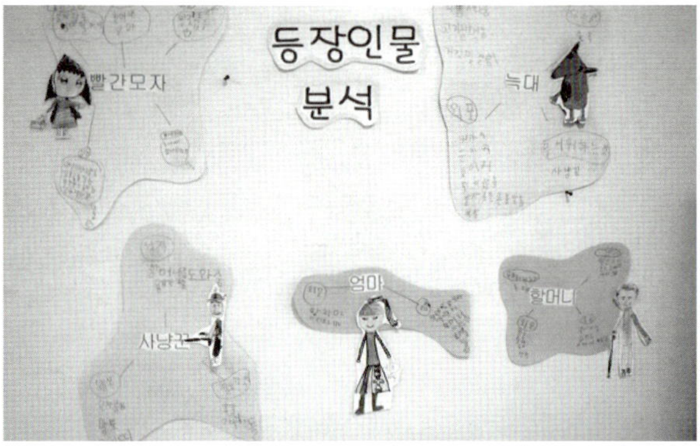

(2) 장면 나누기 및 노래 만들기

음악극에 사용될 노래를 만들기 전 장면을 나누어야 한다. 이 과정은 동화의 흐름을 끊지 않는 범위에서 진행되어야 하며 노래가 몇 곡이 필요한지 알 수 있다.

유아들과 함께 노랫말을 만들 때 시적 운율을 살리면 가락을 짓는 데 도움이 된다. 교사는 유아들이 동화 장면의 상황이나 문맥에 맞는 노랫말을 제안하도록 노래의 주제를 구체적으로 제시하는 것이 좋다. 그리고 유아들이 그 다음의 상황을 지어내도록 교사는 계속해서 질문하도록 하며 유아들이 말한 노랫말을 잘 기록하여 계속해서 읽어준다. 이것은 다음 문장을 이어짓는 데 도움이 될 수 있다.

T : 숲 속에서 처음에 들어가서 무엇을 보았을까? 너희들은 숲 속에 갔을 때 무엇을 보았니?

C1 : 저는 나무를 보았어요, 꽃도요. 들꽃! 들꽃! 하늘에는 새도 날았어요, 숲 속은 너무 아름다워요.

T : 아, 숲 속은 너무 아름다워요.

C2 : '아름다운 숲 속에 들어가 볼까' 라고 하면서 숲에 들어가요.

T : 아름다운 숲 속에 들어가 볼까. 그래서 무엇을 보았을까?

C1 : 들꽃, 하늘을 나는 새.

T : 들꽃은 어디 있는데?

C2 : 저기요.

T : 저기 있는 들꽃 좀 봐 하늘을 나는 새도

C1 : 할머니께 갖다드려요.

T : 할머니께 이 꽃을 갖다드리자.

노랫말이 정해지면 교사는 유아들에게 천천히 다시 읽어주며 노랫가락을 붙여 볼 것을 제안한다.

T : 숲 속은 너무 아름다워요. 노래로 어떻게 했을까?

이렇게 제안을 하면 유아들은 음을 흥얼거리기 시작한다. 교사는 그 흥얼거림 속에 힌트를 얻어 정확한 피아노 음으로 들려준다. 들려준 뒤 유아들에게 이것이 원하는 음인지 확인한다. 정확한 음을 짚었다면 흥얼거림에 만들어 놓은 노랫말을 붙여 한 소절씩 완성한다. 노랫말 만들기와 같은 방법으로 교사는 이미 지어진 부분을 계속적으로 들려주어야 한다. 유아들은 앞 소절을 들으며 다음으로 연결하기 때문이다. 가락을 구성하는 과정에서 박자에 맞지 않는 가사는 박자에 맞게 수정할 수 있다. 그래서 시적 운율을 살려 지은 노랫말은 노랫가락 짓기에서 매우 중요한 요소이다. 특히 반복되는 말들은 재미있는 가락을 만들기에 좋다. 예를 들면 "나는 나는 무서운 늑대다", "빨간 모자야 빨간 모자야" 등이다.

노래가 완성되면 다함께 노래를 불러보도록 한다. 교사는 크고 정확하게 불러

준다. 만드는 모든 과정에 참여하면서 가사와 멜로디가 익숙해졌기 때문에 새노래 배우기와는 달리 유아들은 자신들이 지은 노래는 거의 바로 익숙하게 부르는 것이 특징이다. 만 5세 유아들과 함께 한 노래 만들기 과정은 다음과 같다.

노래 만들기 과정

T : 『빨간 모자』 동화는 어떻게 시작해야 하니?
C1 : 빨간 모자가 앞으로 나와요.
T : 나와서 어떻게 되었는데?
C2 : 아, 맞다. 엄마가 심부름 보냈잖아요.
T : 그러면 엄마가 빨간 모자에게 심부름 보내는 장면부터 시작할까?
엄마가 빨간 모자에게 무엇이라고 했을까?
C3 : 일단 빨간 모자야 하고 불러요, 두 번요.
T : 빨간 모자야 빨간 모자야 이렇게? 그래서 엄마가 뭐라고 하셨니?
C4 : 이 포도주와 과자를 할머니께 갖다드리렴.
T : 그랬구나, 그리고는?
C5 : 지켜야 하는 약속이 있었어요.
잊지 말아라 숲 속에 들어가지 말고 아무한테도 말하지 말라 그랬어요.

완성된 노랫말과 노래 ♬

"빨간 모자야 빨간 모자야
이 포도주와 과자를 할머니께 갖다드리렴
잊지 말아라 잊지 말아라
숲 속에 들어가지 말고 아무한테도 말하자 마라
엄마 알겠어요 다녀오겠습니다."

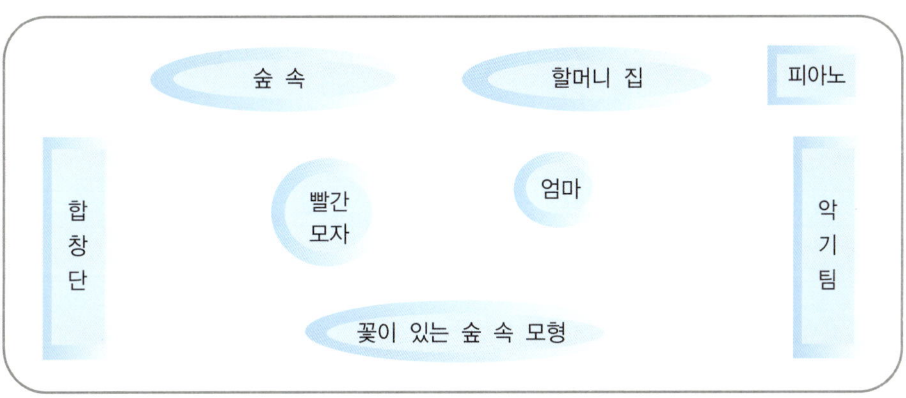

(무대배치도 – 엄마는 만든 포도주와 과자를 바구니에 담아 빨간 모자에게 건네준다.)

T : 그래서 어떻게 되었을까?

C1 : 빨간 모자가 약속을 잊었어요, 숲 속에 간 거예요.

T : 숲 속에 들어가서 무엇을 보았을까? 너희들은 숲 속에 갔을 때 무엇을 보았니?

C2 : 숲 속은 일단 아름답잖아요, 꽃도 있어요, 들꽃! 들꽃! 하늘을 나는 새도 있어요, 아! 꽃을 꺾었다고 해요. 할머니께 갖다 드리려구요.

완성된 노랫말과 노래 ♬

"숲 속은 너무 아름다워요
아름다운 숲 속에 들어가볼까
저기 있는 들꽃 좀 봐
하늘을 나는 새도
할머니께 예쁜 꽃을 갖다 드리자."

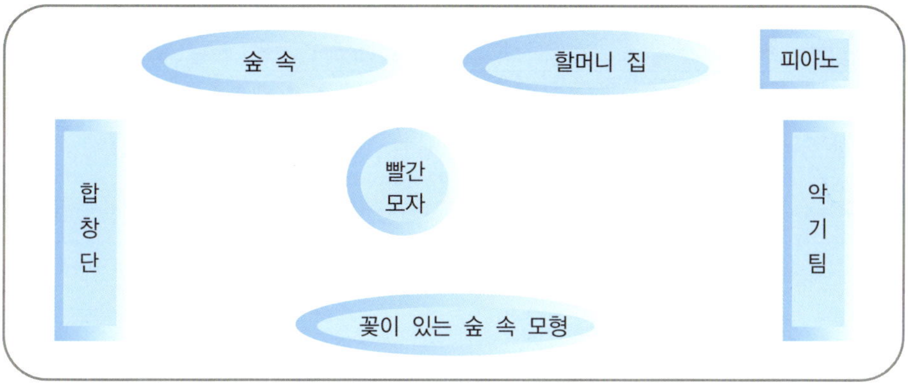

(무대배치도-빨간 모자는 꽃을 어루만지며 노래 부른 뒤 자리에 앉아 계속 꽃을 어루만진다.)

T : 그 다음 빨간 모자 말고 누가 나올까?

C1 : 늑대가 나와요, 맞아!

T : 그럼 늑대가 나와서 뭐라고 하면 좋을까? 처음 나왔을 때 말이야.

C2 : 자기를 소개하는 노래요.

T : 늑대는 어디에서 자기를 소개할까?

C3 : 숲 속에서요.

T : 그렇구나. 그러면 늑대는 자기를 뭐라고 소개하면 좋을까? 늑대의 특징은 어떻지?

C1 : 무서워요. 나는 무서운 늑대다. 나는 나는 무서운 늑대야.

T : '나는'을 몇 번 할까?

C2 : 두 번이요. 그리고 늑대야 하면 너무 친한 느낌이니까 늑대다 하고 해요.

T : 그렇게 말하고 또 뭐라고 할까?

C3 : '아무도 나한테 덤빌 수 없어' 하고 '으하하하하' 웃는 거예요.

완성된 노랫말과 노래 ♬

"나는 나는 무서운 늑대다.(아~오~)
아무도 나에게 덤빌 수 없어(아~오~)
으하하하하"(×2)

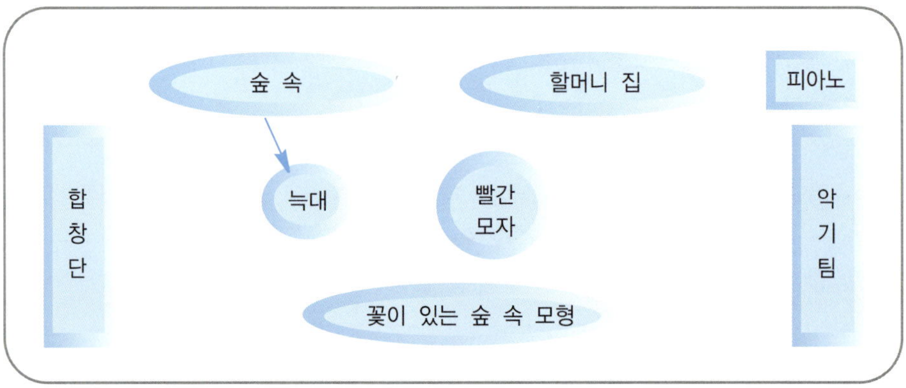

(무대배치도-늑대는 손으로 위협하듯이 걸어나온다. 늑대는 빨간 모자 뒤에서 자신 있게 노래한다.)

T : 그래서 무슨 일이 일어났지?

C1 : 아! 아까 늑대가 자기 소개한 곳이 숲 속이었잖아요. 그런데 거기에는 빨간 모자가 아직 있잖아요…

T : 그랬지? 그럼 어떻게 되었을까?

C2 : 늑대가 빨간 모자에게 말을 걸어요.

T : 늑대가 먼저 뭐라고 했을까?

C3 : 일단 뭐하냐고 물어봐야 돼요, 뭐하니? 이렇게요, 그러면 빨간 모자는 할머니 드릴 꽃을 따고 있다고 하는 거예요. 그래서 결국 늑대는 할머니를 잡아먹겠다고 결심해요. 빨간 모자도 잡아먹구요.

완성된 노랫말과 노래 ♬

"(늑대) 빨간 모자야 뭐하니
(빨간 모자) 꽃을 따고 있어
(늑대) 왜 꽃을 따고 있니?
(빨간 모자) 할머니 갖다드리려고
(늑대의 독백) 빨리 가서 할머니를 잡아먹어야겠다
그리고 빨간 모자도"

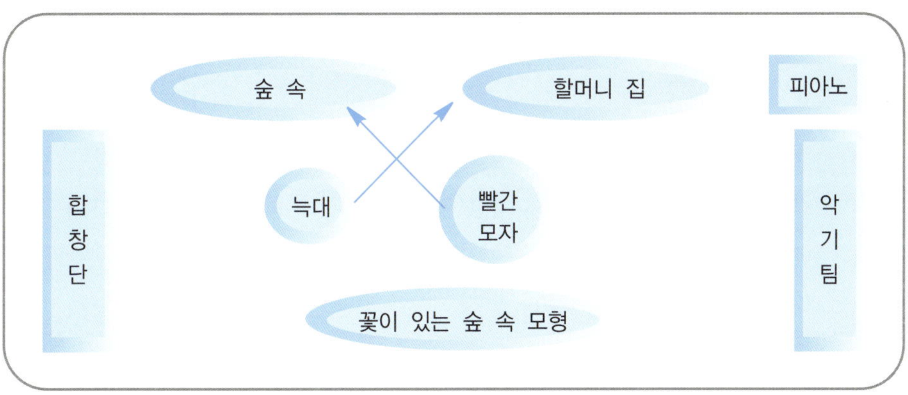

(무대배치도-늑대와 빨간 모자는 마주보고 노래한다. 늑대 혼자 부르는 부분을 부른 뒤 할머니 집쪽으로 사라진다. 빨간 모자도 숲 속 무대배경 뒤로 사라진다.)

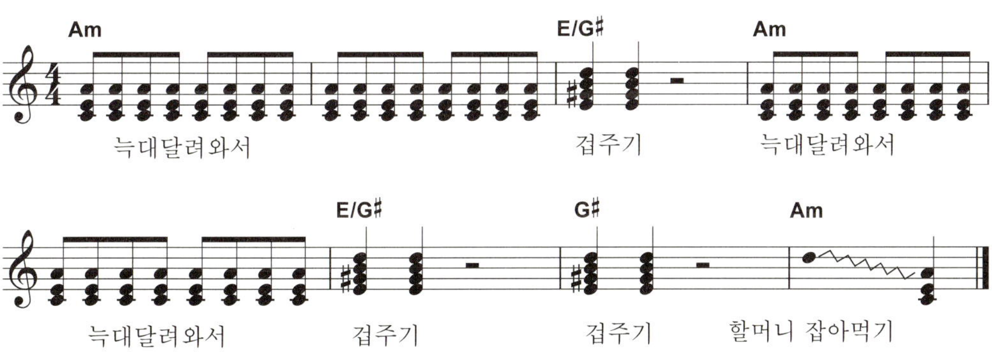

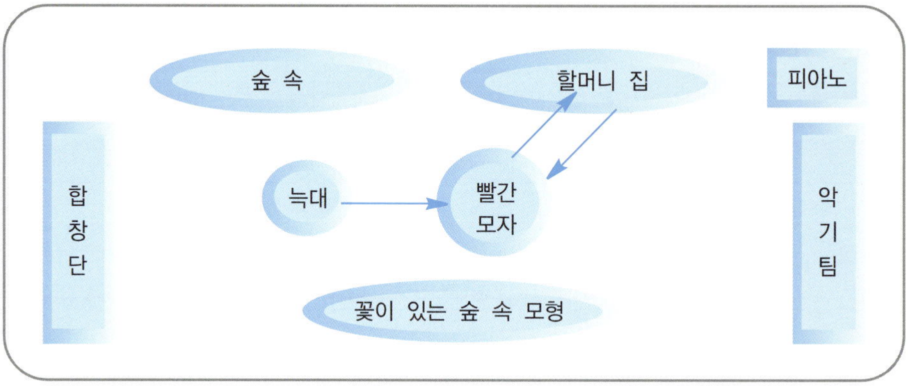

(무대배치도-빠른 반주가 시작되면 할머니가 할머니 집 무대배경에서 나오고 늑대는 할머니를 잡아 먹는다. 할머니를 자기 소품들을 무대에 벗어둔채 할머니 집뒤로 들어가고 늑대는 재빨리 소품들을 착용하고 할머니 집 앞에 있는다.)

C1 : 이제 사냥꾼이 나왔어요. 사냥꾼도 늑대처럼 자기를 소개해야 돼요.

T : 사냥꾼은 뭐라고 소개하면 좋을까? 사냥꾼은 어떤 사람이지?

C2 : 용감한 사냥꾼이어야 해요, 늑대가 상대가 안 되는 거예요. 사냥꾼은 총을 가지고 있으니까 한번 쏴요.

T : 그래? 어느 부분에서? 총은 어떤 소리가 날까?

C3 : 나는 용감한 사냥꾼이다 하고 난 다음에요, 총소리는 빵빵!!, 아니야 진짜 총소리는 푸슝~이렇게 들려.

T : 총에 맞은 늑대의 소리를 듣고 사냥꾼이 어떻게 했니?

C4 : 할머니 소리가 아니고 늑대 소리라며 '이상하다 이상하다' 라고 했어요.

완성된 노랫말과 노래 ♬

"나는 용감한 사냥꾼이다. 푸~슝
늑대는 나에게 상대가 안돼. 푸~슝
크하하하하(×2)"
이상하다 이상하다 할머니 소리가 이상하다
이건 이건 늑대다 어서 어서 구해내자

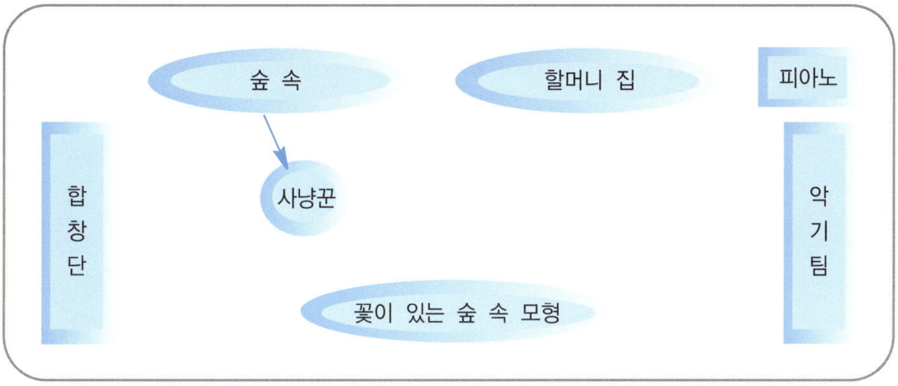

(무대배치도-반주가 시작되면 사냥꾼이 숲 속 무대배경에서 나와 무대 가운데 위치한다. 박자에 맞게 씩씩하게 걷는다.)

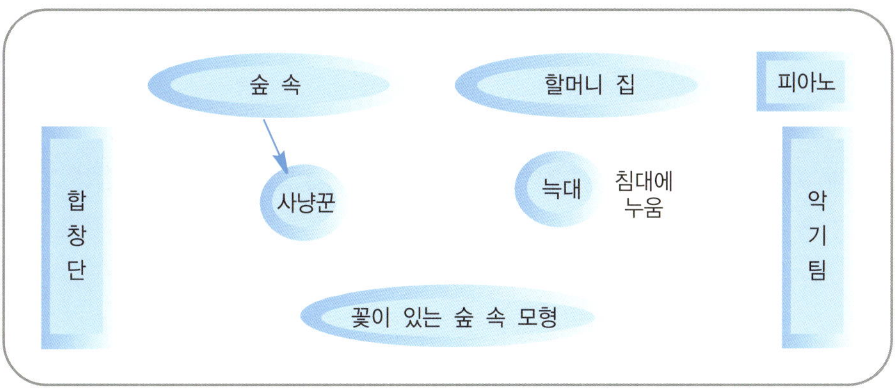

(무대배치도-반주가 시작되면 사냥꾼이 숲 속 무대배경에서 나와 무대 가운데 위치한다. 노래 후 늑대쪽으로 가서 동작을 마무리한다.)

T : 이제 어떤 일이 일어났니?

C1 : 늑대가 할머니랑 빨간 모자를 잡아먹었어요, 그런데 이 부분은 노래로 잘 못할 것 같아요 그냥 악기로 하면 안돼요? 더 멋질 것 같아요.

T : 정말? 그럼 악기팀이 하도록 할까? 그래. 그러면 제일 마지막에 모든 주인공들이 나와서 부르는 마무리 노래는?

C2 : 구해낸 것이 기뻐서 막 뛰면서 불러요, 구해냈어요.

T : 누구를?

C1 : 할머니와 빨간 모자를 구해냈어요.

T : 그러면 늑대는 어떻게 되었니?

C2 : 돌이 가득 차서 물에 빠지고 말았어요. 마지막 부분에서는 꼭 헤이! 하면서 소리치면 좋겠어요.

완성된 노랫말과 노래 ♬

"구해냈어요 구해냈어요
할머니와 빨간 모자 구해냈어요
돌이 가득한 늑대는 빠지고 말았어요 헤이!"

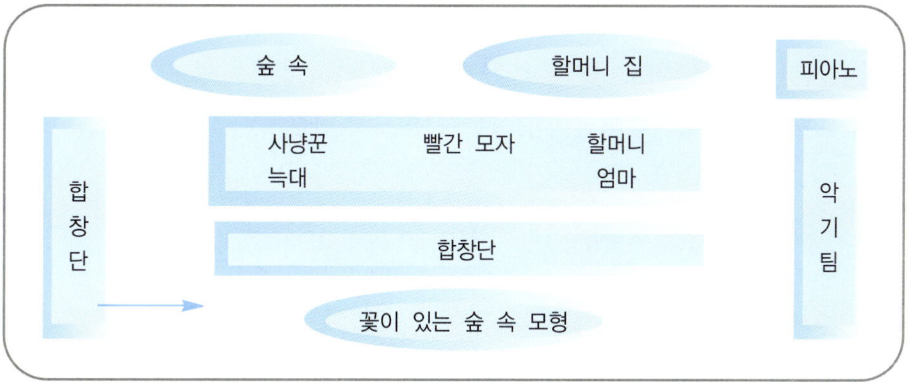

(무대배치도-반주가 시작되기 전 합창단은 무대 앞에, 등장인물들은 합창단 뒤편 무대에 위치하고 율동과 노래 준비를 한다.)

(3) 동작 만들기

노래를 익숙하게 부르면 동작 만들기 활동으로 이어지는 데 최대한 동적으로 구성하도록 한다. 유아들은 사전 음악극 활동으로 동적인 동작을 창작하는 것에 익숙해져 있었다. 또한 전주와 간주 등의 개념도 이미 알고 있어 유아들은 등장할 때의 동작과 중간, 퇴장할 때의 동작으로 나누어 제안하게 된다.

T : 늑대는 어떻게 움직일까?

C1 : 이렇게 쾅쾅 걸으면서 무대 가운데로 나오면 될 것같아요, 자신 있게요.

T : 노래할 때는?

C2 : 노래할 때는 팔을 앞뒤로 이렇게 흔들면서 힘차게요. '아오' 할 때는 이렇게 발톱을 세우고 위를 보는 거예요.

모든 동작이 제안되면 마지막으로 다같이 신체로 표현해 본다. 구성된 동작은 연습 시 연출을 해나가는 과정에서 수정될 수 있다.

(4) 역할 정하기

역할 정하기는 음악극의 진행과정 중 유아들이 많은 관심을 보이는 단계이다. 음악극에서 필요한 역할은 등장인물, 악기연주, 무대담당, 의상담당, 포스터 및 초대장 담당, 합창단 등이 있다. 역할을 정할 때는 등장인물의 성격과 상황에 맞게 잘 표현하는 것이 중요하다는 것을 이야기한다. 또한 인원을 반으로 나누어 반은 공연을 하고 나머지 유아들은 관람을 하며 다시 역할을 바꾸어 해봄으로써 전체 유아들이 골고루 음악극에 참여할 수 있도록 한다.

(5) 소품 만들기

배역이 정해지면 놀이시간을 활용해 악기 팀 연습과 소품 및 배경 제작이 이루어진다. 소품제작 시 유아의 아이디어를 바탕으로 제작하도록 한다. 악기를 맡은 유아들은 음률영역에 모여 첫 노래부터 부르면서 노래와 어울리는 악기와 박자를 선정한다. 교사는 유아들이 무엇을 어려워하는지 관찰하여 도움을 요청할 때 도와줄 수 있다.

T : 숲 속 노래에는 어떤 악기가 어울릴 것 같니?
늑대노래는 분위기가 어떻지? 그러면 어떤 악기가 어울릴까?
C : 부드러우니까 핸드벨? 트라이앵글요.

유아들이 악기를 탐색한 후 적절한 악기를 선택하도록 한다. 이때 교사는 유아의 성향에 맞추어 더 도움이 될만한 악기를 제안하여도 좋다.

악기가 정해지면 노래에 적당한 리듬을 삽입하고 반복해서 연주해 보도록 한다. 이미 여러 차례 경험이 있는 유아들은 리듬 삽입에 의견을 제시하기도 한다.

T : 이때 이 부분을 강조하려면 어떤 악기를 어떤 박자로 치면 좋을까?

C : 노래가 잠깐 쉬는 부분에 '쾅' 하고 치면 좋겠어요

악기의 리듬 삽입이 어느 정도 진행되면 반복적으로 연습하도록 한다. 이 과정은 리듬을 익숙하게 하기 위한 과정이다. 모든 리듬 삽입이 완성되면 필요 시 노래 없이 악기로만 표현되어지는 부분에 대해 이야기한 뒤 악기 연주를 해본다.

T : 늑대가 할머니와 빨간 모자를 잡아먹는 부분의 노래는 악기 팀이 대신하기로 했었지? 어떤 분위기인 것 같니? 그러면 그런 분위기는 어떤 악기로 연주하는 것이 가장 잘 어울릴까?

C : 늑대가 막 달려오니까 우리도 늑대 발소리에 맞게 쳐요.

모든 악기부분이 완성되면 처음부터 끝까지 연습해 본다. 이때 교사는 노래를 불러주어 악기를 맡은 유아들이 노래의 흐름을 기억하도록 돕는다.

3) 공연 및 평가

음악극에 대한 공연은 맡은 역할을 협동하여 잘 표현할 수 있도록 하며 전체 유아들이 자신감을 가지고 골고루 참여할 수 있도록 하는 것이 중요하다. 또한 음악극 공연 후에는 반드시 공연을 회상하며 잘된 점과 개선할 점에 대하여 토의하고 평가하는 시간을 가져야 한다.

(1) 연습

연습에서는 유아들의 움직임을 위한 동선배치와 등장인물의 위치선정이 중요하다. 앞에서부터 한두 장면씩 계속적으로 조금씩 연습한다. 공간구성 시 교사는 유아의 행동특성과 등장인물의 성격에 대해 미리 생각해 두어 적극적인 도움을 주도록 한다. 그렇지만 모든 일이 교사의 주도로만 이루어지지는 않도록 한다.

동선배치도를 그려 유아들에게 잘 보이는 곳에 게시하는 것도 좋은 방법이다.

T : 늑대는 이 부분에서 어디로 나오면 좋을까? 빨간 모자는 어떻게 앉아 있지?

동선이 어느 정도 정해지면 반복해서 연습한다. 동선이 익숙해지면 악기 팀과 노래에 맞게 연습할 수 있다. 연습 시 등장인물 외의 유아들이 산만해지지 않도록 하는 것도 중요하다.

(2) 공연 및 평가

공연 전 유아들의 소품과 배경을 꼼꼼히 확인해 둔다. 또한 유아들이 진지하게 공연할 수 있도록 지도한다.

T : 그동안 열심히 준비했던 음악극을 공연할 거야. 멋진 공연을 하려면 어떻게 해야 할까?

C : 장난으로 하지 않아요, 노래를 크게 해요, 순서를 잊어버린 친구를 도와줘요, 그런데 말로 하지 않고 조용히 손으로 가르쳐 줘요.

T : 그래 우리가 약속한 대로 음악극 공연을 해보자.

참고문헌

고인옥(1993). 어린이의 친구관계 개념과 타인 감정 추론과의 관계에 관한 연구. 중앙대학교 대학원 석사학위 논문.

구수진(2006). 음악극 완성과정을 통한 협동 음악수업 방안 연구. 경인교육대학교 교육대학원 석사학위 논문.

김영연(2002). **유아음악교육론**. 서울 : 학지사.

김옥선(1997). 창의적인 뮤지컬을 통한 집단학습 프로그램의 구안. 한국교원대학교 대학원 석사학위논문.

김은애(2001). 음악극을 활용한 즉흥표현능력 신장을 위한 연구. 서울교육대학교 대학원 석사학위 논문.

배호순(1990). **평가의 원리 : 교육프로그램을 중심으로**. 서울 : 교육과학사.

심성경 · 이효숙(2001). 유아음악극에 대한 교사의 인식과 지도실태. **유아교육 연구**, 3, 268-290.

이영자 · 박미라(1992). 유아의 이야기 구조 개념 발달에 관한 기초연구. **열린유아교육 연구**, 39(11), 157-171.

이은경(2003). 음악극을 활용한 통합적 중등 음악 교수-학습 모형 개발. 건국대학교 교육대학원 석사학위 논문.

이홍수(1992). **느낌과 통찰의 음악교육**. 서울 : 세광음악출판사.

이효숙(2001). 유아음악극의 교육적 효과. 중앙대학교 대학원 박사학위 논문.

장은희(2007). 동화에 기초한 유아음악극 프로그램 구성 및 효과 연구. 덕성여자대학교 대학원 박사학위 청구논문

Ames, R.(1993). Collaborating to build an opera ensemble. *Music Educatianol Journal , 79*. 6, 31-34.

Andress, B.(1991). From research to practice : Preschool children and their movement responses to music. *Young children, 47*(1), 22-27.

Bayless, K. M. & Ramsey, M. E.(1991). *Music: a way of life for the young child*(4th ed.) Columbus, OII : Merrill Publishing.

Freire, P. Sr macedo. D.(1987). *Literacy : Reading the word and the world*.westport, CT : Bergi dz Garvey.

Gordon, E. E.(1999). All about audiation and music aptitudes. *Music Educators Journal, 86*(2), 41-4.

Greenberg, M.(1979). *Your children need music.* Englewood Cliffs, NJ : Prentice-Hall.

Hair, H. I.(1977). Discrimination of Tonal Direction on Verbal and Nonverbal Tasks by First-grade Children. *Jounal of Research in Music Education, 25*(3), Fall.

Hoffman, B.(1973). Opera is music. Opera is people. *Music Educators Journal , 60.* 46-47.

Hower, E.(1999). Creating opera with seventh graders. *Music EducatorsJournal , 3.*

Kay, R.(1996). The Magical place called opera. active learner: *A Foxfire Journal Teachers; 1. 1.* 20-23.

Kermann, J.(1957). *Opera as drama, london* : Oxford University Press.

Miller, S.(1984). Opera made elementary. *Music Educators Journal, 71.* 52-54.

Rossi, P. J.(1997). Having an experience in five acts: Multiple literacies through young children' s opera. *Language Arts. 74.* 352-367.

Scott-Kassner, C.(1999). Developing teachers for early childhood program. *Music Educators Journal, 86*(1), 19-25.

Sherwood, A., Connie, J et al(1994). Creating original opera at lake agassizelementary school. *Insights into Open Education; 26. 1. Apr.*

Speake, C.(1993). Create an opera with elementary students. *Music Educators Journal, 79.* 22-26.

저자소개

장 은 희

덕성여자대학교 대학원 유아교육 전공

(교육학 박사)

아동문학가('반짝이의 눈물', '옹달샘 아가씨' 외)

현) 무지개유치원 원장

국제디지털대학교 아동상담학과 겸임교수

총신대학교 유아교육학과 강사

저서 및 논문

- 동화에 기초한 유아 음악극 프로그램 구성 및 효과연구(박사학위논문)
- 주제 중심의 기독교 유아교육과정(공저)
- 21세기 영유아 교육과정(공저)
- 유아교육기관 생활주제에 기초한 창작 새노래 100곡(공저)

김 명 정

중앙대학교 대학원 유아교육 전공

전) 무지개유치원 교사

현) 육아정책연구소 위촉연구원

논문

- 음악극 경험 과정에서 나타나는 유아들의 음악적 반응 변화

박 경 숙

총신대학교 교육대학원 유아교육 전공

현) 무지개유치원 원감

논문

- 성경 이야기를 통한 음악극이 유아의 신학적 개념과 자아개념에 미치는 영향

12가지 동화로 만나는
창작 유아 음악극

초판 1쇄 발행 2010년 1월 25일
초판 2쇄 발행 2014년 8월 13일

지 은 이 | 장은희 · 김명정 · 박경숙
펴 낸 이 | 김기섭
책임편집 | 박연순
펴 낸 곳 | 창지사 www.changjisa.com
153-802 서울시 금천구 가산디지털 1로 83
파트너스타워 1차 9층
전화 (02)719-2211~3
팩스 (02)701-9386
등 록 | 1977년 4월 28일 · 제1-421호

ISBN 978-89-426-0528-6 (93370)

값 19,000원